¡Imagínate A Ti!

40 Días de Devociones: Encontrar Tu Identidad a Imagen de Dios

Creado por
Nancy Hulshult y Francesca King

¡Imagínate A Ti! 40 días de devoción: encontrar su identidad en la imagen de Dios

© 2021 Nancy Hulshult and Francesca King. Reservados todos los derechos.

Ninguna parte de este libro puede ser reproducida o transmitida en cualquier forma, o por cualquier medio, electrónico o mecánico, incluyendo fotocopias, grabaciones o por cualquier sistema de almacenamiento o recuperación de información, sin el permiso expreso por escrito de Nancy Hulshult y Francesca King.

ISBN: 978-1-7354852-7-0

Todas las citas de las Escrituras, a menos que se indique lo contrario, están tomadas de la Santa Biblia, Nueva Versión Internacional®, NIV®. Copyright © 1973, 1978, 1984, 2011 de Biblica, Inc. ™ Usado con permiso de Zondervan. Todos los derechos reservados en todo el mundo. www.zondervan.com La "NIV" y la "Nueva Versión Internacional" son marcas comerciales registradas en la Oficina de Patentes y Marcas Registradas de los Estados Unidos por Biblica, Inc. ™

Escritura tomada de la New King James Version®. Copyright © 1982 de Thomas Nelson. Usado con permiso. Reservados todos los derechos.

Publicado por:
NarratusCreative | Narratus Press
P.O. Box 1413
Hamilton, OH 45012

Design: NarratusCreative | narratuscreative.com

Producido en los Estados Unidos de América.

DEDICACIÓN

Este libro está dedicado a Michael Dantley, por su inspirador estudio y predicación de la Palabra de Dios, por su tutoría y por su amor al pueblo de Dios.

Muchas gracias a Adriana Reyes por su ayuda con la traducción y por su fiel amistad a través de los años.

Muchas gracias a Denise Chaney de Narratus Creative por su diseño creativo y contribuciones a nuestros esfuerzos para publicar este estudio de Génesis.

Gracias a Debbie Day y Sheryl Burk, por su ayuda, comentarios honestos y aliento.

Gracias al esposo de Nancy, Darrell Hulshult, por su liderazgo inspirador y su colaboración en el ministerio. ¡Junto con Dios, somos UNO!

Gracias a los padres de Francesca, Candace King y Rodney Posey, por su inspiradora guía de Francesca y otros jóvenes para seguir el corazón de Dios.

Me habría desanimado si no hubiera creído que vería la bondad del Señor en la tierra de los vivos. Espera al Señor; Ten ánimo, y Él fortalecerá tu corazón; Si, ¡espera al Señor!
(Salmo 27:13-14)

Contenido

Prólogo..........................i
Introducción..............iii

Día 1 1	Día 21 113
Día 2 9	Día 22 119
Día 3 19	Día 23 125
Día 4 25	Día 24 129
Día 5 31	Día 25 135
Día 6 37	Día 26 141
Día 7 43	Día 27 147
Día 8 47	Día 28 151
Día 9 53	Día 29 155
Día 10 59	Día 30 159
Día 11 63	Día 31 163
Día 12 69	Día 32 169
Día 13 75	Día 33 175
Día 14 81	Día 34 179
Día 15 87	Día 35 183
Día 16 93	Día 36 187
Día 17 97	Día 37 191
Día 18 101	Día 38 195
Día 19 105	Día 39 199
Día 20 109	Día 40 203

Conclusión........................209

Prólogo

En esta temporada de múltiples desafíos que bombardean nuestras vidas con una ferocidad casi sin precedentes en nuestros tiempos, estamos descubriendo una necesidad genuina de lidiar y resolver la cuestión de quiénes somos. Nuestra identidad y la resolución de nuestra investigación de nuestra cultura es lo más importante para muchos. Innumerables instrumentos para investigar nuestro ser interior han ganado nuestro intenso interés. Sin embargo, encontrar nuestras respuestas en la palabra de Dios es un método seguro para llevar a cabo una búsqueda exitosa. Por esta razón, el libro de Hulshult y King, *¡Imagínate A Ti! 40 días de Devociones: Encontrar su identidad a imagen de Dios*, es imprescindible leer. Las perspectivas intergeneracionales presentadas en este devocional tienen el potencial de impactar a todos aquellos que están persiguiendo seriamente el proyecto de cambio vida de definirse a sí mismos y al propósito de su vida. La idea misma de promover nuestra propia imagen a través de las prescripciones del Señor nos proporciona una guía para establecer quiénes somos genuinamente.

¡Imagínate A Tí! es una forma fenomenal de personalizar la lectura del libro de Génesis. Este devocional de cuarenta días se atreve a exigir que el lector se familiarice con los asuntos más destacados en el primer libro de la Biblia. Esa lucha personal con el contenido de estos capítulos durante cuarenta días se mejora enormemente a través del proceso devocional. De hecho, el proceso de cuatro

pasos es un ejemplar pedagógico y proceso devocional. Hulshult y King requieren que el lector Leer, Reflexión, Responder y Resolución. De esta manera, no solo leemos la palabra de Dios, sino que también nos vemos *¡Imagínate A Ti! 40 días de Devociones: Encontrar su identidad a imagen de Dios* obligados a internalizar y luego elaborar estrategias sobre cómo vamos a poner en práctica la palabra viva de Dios. Este devocional no solo desafía al lector a reflexionar, sino a practicar lo que se ha filtrado a través del proceso de cuatro pasos.

Felicito a las autoras, Nancy Hulshult y Francesca King por la forma creativa integral en que desafían para que veamos la utilidad de la palabra de Dios para impactar la forma en que nos vemos a nosotros mismos. Un devocional tan oportuno para una temporada cuando más se necesita. Aproveche este devocional con el compromiso de verlo impactar tu vida de una manera fenomenal.

Michael E. Dantley, Ed.D.
Obispo y Pastor Principal
Comunidad Cristiana Cristo Emmanuel
Cincinnati, Ohio

por Nancy Hulshult

Dios une a personas que normalmente nunca cruzarían caminos. Así fue con Francesca y conmigo. Estaba viendo un estudio bíblico en línea el martes por la noche cuando el líder, el obispo Michael Dantley, anunció un programa especial para el siguiente viernes. Varios ministros jóvenes en formación compartirían sus pensamientos sobre el futuro de la iglesia después de la pandemia. No puedo describir exactamente qué pasó por mi mente, pero mi espíritu se vio obligado a conectarse con una joven del grupo. Mi esposo estaba de acuerdo. Envié por correo electrónico mis intenciones al Obispo Dantley que quería "pagar" el agradecimiento por todas las veces que recibí apoyo financiero y espiritual en el seminario y en mi carrera educativa.

Tan pronto como escuché a Francesca hablar de la importancia de la autenticidad en el ministerio, entendí por qué Dios me había guiado hacia ella. Desde nuestro primer mensaje de texto y luego nuestra primera llamada telefónica, ambas sabíamos que el Señor estaba obrando en nuestras vidas. Francesca está estudiando para ser maestra de música y pastora de jóvenes, y yo soy una directora escolar jubilada y pastora. A las dos nos encanta tocar el piano y tocar los ukeleles. Ella ama escribir hermosas canciones espirituales, y me encanta escribir sobre acontecimientos espirituales. Ambas amamos el libro de Génesis y todas las formas en que aprendemos sobre la humanidad, Dios y nuestras relaciones en estos primeros capítulos de la Biblia.

En algún lugar de nuestras charlas semanales, decidimos acampar ¡Imagínate A Tí! 40 días de devoción: encontrar su identidad a Imagen de Dios en Génesis y grabar nuestras reflexiones y respuestas, que se convirtieron en 40 días de devociones. Estábamos interesadas en aprender cómo procesaríamos Génesis desde nuestras perspectivas. Francesca es una mujer negra de veintitantos años y yo soy una mujer blanca de sesenta y tantos años. Con nuestra edad y diferencias culturales, ¿nos hablaría Dios de diferentes maneras, o interpretaríamos la creación e historia de redención de Dios de la misma manera? Después de todo, la Biblia dice que todos somos creados a imagen de Dios.

Génesis Capítulo 1, versículo 26 dice:

> "Entonces Dios dijo: 'Hagamos al hombre a nuestra imagen, a nuestra semejanza, para que dominen a los peces del mar y las aves en el cielo, sobre el ganado y todos los animales salvajes, y sobre todas las criaturas que se mueven por el suelo.'"

Desde el primer capítulo de Génesis, Francesca y yo estamos de acuerdo que los pronombres plurales en las frases "déjanos" y "a nuestra imagen, a nuestra semejanza" confirman que ambas somos creadas a imagen de Dios. La pluralidad de la realidad nos dice que ni ella ni yo ni tú, el lector, somos más creados como Dios más que el otro. Adán y Eva fueron creados en diferentes géneros con el propósito de continuar la humanidad, pero ambos tienen el ADN de nuestro Creador y nuestro Dios, el Dios de Génesis. Eso nos pone a todos en igualdad en nuestra relación con Dios el Creador, Dios el Salvador Jesús, y Dios el Espíritu Santo.

La estructura de nuestro libro devocional tiene cuatro partes:

Leer un resumen rápido de las partes de cada capítulo que capturó nuestra atención. Enumeramos capítulos y versículos con el resumen, en caso de que sea el tipo de lector que no quiere leer su Biblia mientras lee y ora usando un devocional. Si lo desea, puede leer el capítulo o los capítulos completos de su Biblia antes de leer nuestras reflexiones.

Nuestras reflexiones sobre las Escrituras que interactúan con los capítulos o versos.

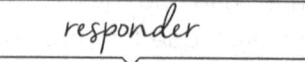

responder

Nuestras preguntas receptivas relacionadas con nuestras vidas como resultado de nuestras reflexiones.

resolución

Un lugar para reflexionar, responder a las preguntas de respuesta opara tomar decisiones conscientes de hacer o pensar de manera diferente como resultado de la devoción del día.

En preparación para este estudio devocional, no realizamos investigaciones, no estudiamos teólogos en particular o preguntamos a otras personas por sus pensamientos antes de encontrarnos con las Escrituras y registrar nuestras reflexiones. No necesitábamos llegar a un convenio; solo agregamos nuestros pensamientos. A medida que procesábamos verbalmente juntas, compartimos muchas de nuestras revelaciones. A veces, sabíamos que nos estábamos "predicando a nosotras mismas" mientras explicábamos lo que Dios nos estaba diciendo acerca de nuestras propias situaciones y desafíos personales. Al final de nuestro estudio de 40 días en Génesis, encontramos un sentido renovado de nuestra identidad como seres humanos creados por Dios, que nos ama, que nos perdona nuestros errores y que quiere mantener una relación cercana con nosotros.

Ahora te invitamos a que te unas a nosotras. Si lo desea, puede invitar a otros a unirse a nosotros como parte de su pequeño grupo de amigos a quienes les encanta leer las Escrituras y hablar de ellas juntos.

 Las reflexiones de Francesca están marcadas con una "F";

 Las reflexiones de Nancy están marcadas con una "N".

Hemos agregado preguntas autorreflexivas y espacio para ti para responder a nuestras reflexiones, agregue las suyas y escriba su resolución para cualquier pregunta que despierte su interés particular. Únase a nosotras en nuestra fascinación y respeto por el libro de Génesis: la historia donde comenzó el mundo ... la historia donde todos comenzamos a imagen de Dios.

Imagínate A Tú 40 Días de Devociones: Encontrar Tu Identidad a Imagen de Dios

Día 1

Capítulos 1 y 2 de Génesis

TEXTO DESTACADO:

- 1:4 Dios vio que la luz era buena.
- 1:10 Dios notó que los mares eran buenos.
- 1:12 Dios vio que la vegetación era buena.
- 1:18 Dios vio que las dos grandes luces (día y noche) eran buenas.
- 1:21 Dios vio que las criaturas marinas y las criaturas con alas eran buenas
- 1:25 Dios vio que los animales que se movían por el suelo eran buenos.
- 1:31 Dios creó al hombre y a la mujer y vio "todo lo que él había hecho, y era muy bueno ".
- 1:26 "Hagamos al hombre a nuestra imagen, a nuestra semejanza ..."
- 2:1-3 Dios "descansó" en el séptimo día.
- 2:2-3 dice que Dios terminó toda su obra, descansó y "bendijo el séptimo día y lo santificó, porque él descansó de todo el trabajo de creación que había hecho."
- 2:9 dice que en medio del jardín estaba el árbol de vida y el árbol del conocimiento del bien y del mal.
- 2:16 Y el Señor Dios ordenó al hombre: "Tú eres libre de comer de cualquier árbol del jardín;"
- 2:19 (Dios) los trajo al hombre para ver lo que él los nombraría, y como sea que el hombre llamara a cada criatura viviente, ese era su nombre.
- 2:25 dice que originalmente el hombre y su esposa estaban desnudos, y no sintieron vergüenza.

Día 1

reflexión

Cuando Dios creó, reflexionó sobre cada tipo de creación y evaluó a cada uno, y notó que eran buenas creaciones. Para ser hecho a imagen de Dios es para que nosotros podamos razonar, amar, apreciar la belleza, tener libre voluntad, tomar nuestras propias decisiones, y crear a un nivel muy por encima de cualquier otro ser creado.

Ser creados a imagen de Dios nos recuerda a los niños que Se ven o actúan exactamente como sus padres. Lo que hay en los padres está en los hijos. Lo que hay en Dios, está en nosotros, excepto por la capacidad para hacer el mal, que fue provocada primero por la desobediencia de Adan y Eva, y luego por nosotros mismos a través de nuestro mal uso del don de Dios de la libre voluntad. Así como los padres quieren estar orgulloso de sus hijos, Dios quiere "estar orgulloso" de sus hijos que son capaces de hacer tanto de lo que Dios puede hacer, pero no completamente por nuestra cuenta, es decir, sino con la guía que nos da el ejemplo de Dios y el Espíritu Santo.

En ninguna parte del relato de la creación de Génesis leemos que Dios trató de crear algo, se rascó la cabeza, y luego descartó la idea porque no le gustó el resultado. Por su naturaleza de pureza y justicia, los pensamientos perfectos de Dios se convirtieron en Palabras perfectas, y Sus Palabras dieron vida a la existencia. Porque somos humanos e infectados por el pecado y nuestra humanidad, a veces tendemos a actuar antes de pensar completamente en nuestras acciones y sus consecuencias. Ya que fuimos creados a semejanza de Dios, nos iría mejor seguir el ejemplo de Dios: pensar con intenciones de pureza, hablar con la verdad y con la mejor de las intenciones, y luego reflexionar sobre los resultados de nuestra acciones, desde nuestras pensamientos hasta sus consecuencias. Cuando creamos bondad en el mundo, entonces nosotros, como Dios, podremos reflexionar y disfrutar los frutos de nuestro trabajo.

Dios "descansó" el séptimo día, pero, por supuesto, Dios no necesita descansar, ya que Él es ilimitado en su poder y energía. Sin embargo, no solo nos modeló la necesidad de tomar un descanzo del trabajo, sino también para reservar un tiempo para apreciar la creación, ¡lo que se ha hecho! En el capítulo 1 de Génesis, Dios había notado que toda la creación era buena, pero reservó tiempo.

Como Dios nunca duerme, este tiempo tuvo que haber sido dedicado a "asimilar" su creación, a apreciarla, a observar y estudiar la creación, a amar Sus creaciones dedicándoles atención. Eso es lo que podemos aprender sobre nuestro séptimo día de la semana: descansar del trabajo, meditar lo que está frente a nosotros, apreciar la creación que nos rodea y amar la creación: desde la luna y el sol hasta la naturaleza y las personas.

En Génesis 2, vemos que buscar sabiduría es una cosa; la curiosidad es otra. El conocimiento es una espada de dos filos. ¿Quién quisiera conocer el mal? Dios le dijo solo al "hombre", es decir a Adán, el mandamiento de no comer del árbol del conocimiento del bien y del mal. Dios no le dijo a Eva directamente, por lo que la serpiente (Satanás)

Día 1

pudo distorsionar y contorsionar el mensaje para tentar a Eva. ¿Por qué querríamos desperdiciar nuestros esfuerzos por "conocer" el mal, pero la tentación de "conocer" el bien, es decir, "saber" lo que Dios sabe, atrajo a Eva? Eva no pensó en las consecuencias o repercusiones cuando mordió por primera vez la fruta del árbol prohibido. Dios permitió que Adán hiciera lo que Dios hizo: decirlo, y así será. En asociación, Dios le permitió a Adán la autoridad para nombrar a cada criatura viviente. El Señor incluso le trajo cada uno a Adán. Adán solo tenía que sentarse (o pararse) allí y decidir cuál debería ser su nombre. Eso es mucho poder y honor del Creador.

También llamamos cosas a nuestras vidas al nombrarlas o hablando de situaciones para que surjan. Cuando tratamos de predecir que sucederán cosas malas, muchas veces suceden, ya sea por diseño o acciones no intencionales. Cuando hablamos palabras positivas a las personas, podemos cambiar la forma en que los demás se ven a sí mismos, a nosotros o al mundo. Las palabras tienen un poder increíble. Dios usó su Palabra para dejar que hubiera luz; necesitamos usar nuestras palabras de la misma manera con el mismo propósito creativo positivo.

La vergüenza entró en nosotros cuando el pecado entró en nosotros a través de Eva y Adam.

La Biblia comienza con énfasis en Dios trabajando en relación con la creación: todo conectado con otros seres creados. Con el fin de ser fructífero y multiplicarse, todo tiene que estar conectado. Dios estaba creando un mundo a partir de algo que estaba vacío y roto y no tenía ganas de hacerlo. El solo quería poner cosas buenas en él; todo lo bueno, desde las plantas hasta los peces tenían que estar conectadas. Es más grande que el círculo de la vida porque Dios en realidad estaba creando vida.

En el capítulo 1 de Génesis, Dios siempre ha sabido que íbamos a mirar algo por lo que se supone que debíamos buscar. Por eso Dios dijo: "Creemos al hombre a nuestra propia imagen" porque sabía que íbamos a intentar e imaginar y mirar a otras personas, intentando constantemente llenar vacíos en nosotros que no sabíamos que estaban allí. En lugar de darnos la oportunidad de intentar crear algo más, fuimos creados "a nuestra propia imagen" para que solo creáramos imágenes que él imagino que crearíamos. Dios quería que tuviéramos una imagen que pudiéramos ver en nosotros mismos. Somos creados "a nuestra propia imagen". El sabe que siempre íbamos a estar mirando nuestra imagen. Solo vamos a reflejar lo que Dios imaginó.

En el Capítulo 2 de Génesis, esta es la primera vez que Dios dijo que algo no era bueno. Él dice: "No es bueno que el hombre esté solo. Le haré un ayudante adecuado para él ". Es importante en el tema de la relación que para avanzar en el reino, para realmente echar raíces, tenemos que estar conectados con alguien que sea tenga una mentalidad similar y progrese hacia la misma meta.

responder

¿Con qué frecuencia tengo la intención de pensar, hablar, y hacer lo que agradaría a Dios y que me alegre comportarme de manera piadosa?

¿Qué estoy haciendo activamente para luchar contra el pecado en mi vida y en mi esfera de influencia? Que estoy haciendo para vivir con el ejemplo e influir positivamente en otros para que vivan una vida que muestre que somos creados a imagen de Dios?

resolución

_____

_____

_____

_____

_____

_____

Imagínate A Tí 40 Días de Devociones: Encontrar Tu Identidad a Imagen de Dios

Día 2

Imagínate A Tu 40 Días de Devociones: Encontrar Tu Identidad a Imagen de Dios

leer

Capítulos 3 y 4 de Génesis

TEXTO DESTACADO:

- Génesis 3:16 A la mujer le dijo: "... tu deseo será para tu marido, y él se gobernará sobre ti ". En 3:17, Dios le dice a Adán que comerá de la tierra todos los días de su vida.
- Génesis 3: 8 Incluso los adultos (Adán y Eva) se esconden de Dios cuando pecan, pero el Señor les llama: "¿Dónde estás?" aunque Dios sabía dónde estaban.
- Génesis 3:7 y Génesis 3:21 Dios nos ayuda con la redención y la restauración. Adán y Eva se cubrieron con hojas en el versículo 7, pero en el versículo 21, Dios hizo vestiduras de piel y los vistió.
- Génesis 3:22 Consecuencia del pecado: Dios dice que "el hombre ahora se ha convertido en uno de nosotros, conociendo el bien y el mal. No se le debe permitir que extienda la mano y tomad también del árbol de la vida y comed, y vivir para siempre." Y Dios desterró a Adán y Eva para que trabajaran la tierra, y Dios guardó el camino hacia el árbol de la vida.
- Génesis 4:7 Pero si no haces lo correcto, el pecado está esperando en tu puerta; desea tenerte, pero tú debe dominarlo.
- Génesis 4:10 el Señor dijo: "¿Qué has hecho? ¡Escucha! La sangre de tu hermano me grita desde el suelo."
- Génesis 4:15 Aunque Dios castiga a Caín, Él lo protege. 4:15 Entonces el Señor puso una marca en Caín para

que nadie que lo encontrara lo matara. 4:16 Así que Caín salió de la presencia del Señor y vivió en la tierra de Nod, al este del Edén.
- Génesis 4:25 Dios restaura con otro hijo, Set, para reemplazar a Abel.

Día 2

reflexión

Incluso antes del deslice, las instrucciones de Dios para Adán y Eva sobre lo que no debían comer eran ya estaban claras, y vemos a Adán cayendo en lo que el enemigo lamentablemente le había metido en la cabeza. El solo hecho de decirle que no comiera del árbol fue un precursor de lo que sucedió. Adán y Eva deseaban tener más poder de lo que se supone que debe ser la vida. El hecho de que Dios incluso permitió que Adán nombrara a una criatura ya tenía mucho poder. El hombre ya era parte de la pintura de Dios y estaba permitido pintar en la página, literalmente ayudando a dibujar la pintura del mundo. ¿Por qué querría más?

Tenemos esta imagen de mujeres subordinadas a los hombres, pero cuando leemos sobre el deslice, vemos que la Mujer lo hizo es así. Hoy en el mundo vemos esta lucha de poder, pero se suponía que nadie en particular estaba necesariamente "en el poder." Dios estaba en el poder sobre todo, pero cuando tomamos nuestras ideas por nosotros mismos, estamos tomamos las riendas. Sin embargo, no somos los únicos que queremos tomar las riendas. Fuimos creados para estar en asociación, pero tanto Eva como Adán abusaron del poder que les había dado su Creador. Fue después del deslice que Dios le dijo a la Mujer que su deseo será por su esposo, y él gobernará sobre ti. Dios la puso en ese lugar debido a sus acciones para desobedecer a Dios e influir en Adán para que hiciera lo mismo.

Cuando vemos otras opciones de nuestra imagen en nuestra visión y la forma en que nos vemos a nosotros mismos, vemos que lo que estamos haciendo no es reflejar a Dios. Entonces estamos tomando el poder de nosotros mismos y estamos tratando de asumir la autoridad al intentar hacer concesiones a partir de lo que no podemos completar nuestras vidas. Ahí es cuando nos adentramos más en el pecado: adicciones, pornografía, drogas y todo lo lujurioso y para uno mismo en lugar de que sea para el avance del reino. Entonces nuestra percepción de lo que se supone que debemos hacer está nublada por nuestro propio juicio. Ese es el problema. Siempre buscamos nuestro juicio y sabiduría. Nuestra falta de sabiduría y juicio viene por no estar en sintonía con Dios porque Él siempre nos está dando el camino, guiándonos con decisiones que tomar. Seguimos tratando de hacer todo por nuestra cuenta.

Intentamos crear nuestra propia pintura de nuestro mundo, que termina siendo un desastre. Nos metimos en sacrificios de animales porque no podemos pagar por lo que hicimos en nuestro pecado contra Dios. Dios sigue tratando de decirnos una y otra vez: "Sigo redimiéndote. Sigo redimiéndote ", pero seguimos eligiendo lo que queremos para nosotros mismos. Somos tan frustrantes para Dios, pero Él es tan bueno para continuar redimiéndonos.

El ejemplo de Caín y Abel es un recordatorio de nuestra

Día 2

batalla constante contra la carne y nuestros propios deseos. Siempre estamos tratando de ser aceptados cuando deberíamos saber que ya hemos sido aceptados por Dios. Parte de la problema es lo que hicieron los padres de Caín y Abel. Su pecado se ha vuelto generacional a medida que cada generación busca qué imagen reflejar. Adán y Eva actuaron como si no tuvieran una imagen que reflejar. Actuaron como si Dios no dijera: "Creemos al hombre a nuestra propia imagen y semejanza." El hombre y la mujer se parecían a Dios y eran a imagen de Dios. Eran el carácter de Cristo en el mundo, pero a través de las generaciones, comenzamos a ver el caos generacional con Lamec y hacia abajo. Si estamos satisfechos, no tendríamos que buscar. Una vez más, Hombre y Mujer continúan buscando aceptación cuando ya son aceptados por Dios. Nos quedamos atrapados en el pecado y olvidamos que Jesús fue enviado para que pudiéramos recibir el perdón por el pecado.

De su desobediencia en el Jardín del Edén, a los esposos se les dio autoridad sobre las esposas, y todos nos convertimos en agricultores para obtener nuestra comida del sudor de nuestra frente. Si Eva no hubiera escuchado a la serpiente, las mujeres habrían sido compañeras en pie de igualdad con los hombres desde el principio, y no estaríamos haciendo ninguna agricultura o cocinando. Estaríamos masticando comida deliciosa que no tuvimos que crecer ni preparar. ¡Pásame la sal, cariño!

Dios tenía un plan para nosotros en un hermoso jardín que satisfacía todas nuestras necesidades sin trabajar por ellas.

Adán y Eva, y todos nosotros, podríamos haber comido del Árbol de la Vida y vivir por siempre, excepto por nuestro deseo de conocimiento e igualdad con Dios. El Jardín del Edén ofrecía todo lo que era bueno, inocente y protegido, entonces, ¿por qué Adán y Eva tuvieron que desobedecer y tener sed de más conocimiento, incluyendo el del Mal? ¿Por qué no pudimos quedarnos contentos en el jardín con el conocimiento justo de todas las cosas buenas? Comer del Árbol del Conocimiento del Bien y el Mal estaba prohibido, lo cual es comprensible para el mejor interés para Adán y Eva. Aunque podamos ser insaciablemente curiosos, ¿quién de nosotros realmente quiere conocer el lado oscuro de la vida, una vez que lo vemos, lo experimentamos y entendemos sus consecuencias?

Considere el poder de la tecnología hoy en día. Los padres y las escuelas les dan a nuestros hijos acceso para aprender tantas cosas buenas sobre el mundo, pero también los niños pueden acceder a tantas cosas oscuras, peligrosas y malvadas del mundo. Los padres establecen reglas para sus hijos con lo que respecta a las computadoras, pero los niños de todas las edades encuentran una forma de evitar las restricciones o recibir ventanas emergentes sin invitación que roban su atención e inocencia. Los niños solían estar expuestos a "el mundo" cuando salían de casa de jóvenes. Ahora están expuestos desde pequeños.

Los adultos son igualmente vulnerables, como lo demuestra el alto número de adicciones a la pornografía que ha arruinado matrimonios, carreras y vidas de adultos de todas las edades y todos los niveles de espiritualidad. Así como Adán y Eva tuvieron los ojos abiertos al Mal y sufrieron drásticas consecuencias, nuestros hijos también sufren las consecuencias de sobreexposición a todas las tentaciones y maldades del mundo.

Dios estaba llamando a Adán y Eva para que rindiéran cuentas por sus acciones y su distanciamiento de Él. En nuestros pecados de hoy, somos tentados para escondernos de nuestras malas acciones, pero Dios nos busca a través de Su Espíritu Santo para convencernos de arrepentirnos y volvamos a él. Él siempre nos está llamando a la plenitud de Él.

Dios ayudó a Adán y Eva en su proceso de recuperación. Para hacer prendas de piel de animal, Dios tuvo que sacrificar la sangre del animal para hacerlo. Dios siguió sus propios requisitos de expiación por el pecado a través del sacrificio. El Señor le dijo a Caín: "¿Qué has hecho? ¡Escucha! La sangre de tu hermano me llama desde el suelo." ¡Imagínate el sonido de toda la sangre de los bebés abortados llamándole a Dios desde sus tumbas!

Cuando pecamos o nos desconectamos de Dios, Él continúa cuidándonos y quiere lo mejor para nosotros. Aún cuando seguimos siendo pecadores, dio a Su Hijo para que nos reconciliáramos con él. Hay consecuencias como cuando Caín fue expulsado de la tierra y de la presencia de Dios. Tan tristes las consecuencias de ira, violencia y asesinato....

responder

¿Cuánto sé sobre tecnología y sus peligros?

¿Qué puedo hacer para protegerme a mí y a mis seres queridos de volverme adicto al uso de la tecnología, pornografía y caminos de autodestrucción?

¿Qué puedo hacer para aprender más sobre el Conocimiento del Bien, es decir, el conocimiento de Dios, para ayudarme a navegar el mundo fuera del Jardín del Edén?

Si escuchara su llamado de Dios, "¿Dónde estás?" en referencia a mis pecados, ¿dónde estoy en mi camino con el Señor, y cómo respondería a Su pregunta: "¿Dónde estás?"

resolución

_____

_____

_____

Día 2

Día 3

leer

Capítulos 5 y 6 de Génesis

TEXTO DESTACADO:

- Génesis 5:24 Enoc caminó con Dios 300 años (vivió 365 años); después ya no existía, porque Dios se lo llevó.
- Génesis 5:32 Después de que Noé cumplió 500 años, se convirtió en el padre de Sem, Cam y Jafet.
- Génesis 5:26-29 Lamec, el padre de Noé, habló sobre su hijo Noé cuando lo nombró para convertirse en un consuelo en el trabajo y el doloroso costo de nuestras manos causado por la tierra que el Señor ha maldecido.
- Génesis 6:5 El Señor vio cuán grande se había vuelto la maldad del hombre en la tierra y que toda la inclinación de los pensamientos de su corazón eran solo malvados todo el tiempo.
- Génesis 6:8 El corazón de Dios se llenó de dolor. Pero Noé halló gracia ante los ojos del Señor.
- Génesis 6:18 Dios restablece su pacto con Noé mientras Dios planea que "todo en la tierra perecerá."
- Génesis 6:22 dice que Noé hizo TODO como Dios le ordenó.

reflexión

Enoc estaba vivo 65 años antes de "caminar con Dios." Nunca somos demasiado viejos (¡ni demasiado jóvenes!) Para caminar con Dios.

Noé tenía 500 años cuando construyó el arca. Sabemos que sus hijos subieron al arca con él cuando respondió el llamado de Dios para construir el arca sin nubes de lluvia a la vista.

En la mente de Dios, nunca somos demasiado viejos para ser llamados.

Cuando el padre de Noé, Lamec, habló sobre su hijo, Noé iba a ser una bendición del trabajo humano dentro de la tierra que estaba maldita. Los padres debemos orar bendiciones sobre nuestros hijos desde la concepción y hablar en sus vidas.

El Señor se entristeció de haber hecho al hombre en la tierra, y su corazón se llenó de dolor. Dios "vio que era bueno" cuando hizo al hombre, pero Dios se arrepiente al ver cómo sus creaciones se hacen más malvadas con los días. Por mucho gozo como Dios tuvo en nuestra creación, ahora está lleno de dolor (versículo 6).

Nuestro destino gira en torno a un hombre que encontró favor a los ojos de Dios. Entonces, cada uno de nosotros debe ser al menos UNA persona que encuentra el favor de Dios y podemos cambiar el mundo.

Dios es un Dios de todo o nada. Quiere nuestra obediencia total: todo de nosotros, no solo la obediencia parcial o la lealtad a Él. Cuando la humanidad se volvió tan pecadora que Dios quiso destruirnos a todos, UNA persona (¡Noé!) pudo cambiar el rumbo de nuestro destino de la destrucción total a la salvación. Durante la construcción de Noé de un arca, de acuerdo con las instrucciones, dimensiones y propósito muy específicos de Dios, la humanidad ¡fue salvada!

Dios es el tipo de Dios de TODO que quiere TODO de nosotros.

Cuando Génesis 6:5 habla de la maldad del corazón humano, Dios no solo estaba hablando de Adán y Eva. Hablaba de todo el mundo. Empezamos a ver un aumento de la violencia. Vemos que la oscuridad que fue disipada desde el principio comienza a volver. Lo que Dios había creado estaba siendo destruido por cada cosa oscura que la gente pone en el mundo. Incluso en tiempos de pandemia con COVID y cuarentena en casa, vimos caos y muerte, como las muertes de George Floyd, Breonna Taylor, y el caos en la política. Pensamos que tenemos poder y control para dar forma a lo que Dios ya había creado. Pensamos que no somos aceptados, así que vamos a encontrar todo lo que está en nuestro poder para ser aceptados, pero todavía no lo somos. Olvidamos que ya somos aceptados por Dios.

Día 3

responder

¿Cuándo he creído que estaba siendo obediente a Dios?

¿Le he obedecido plenamente o he obedecido al nivel de "cumplimiento mínimo"?

Cuando le he contestado que "sí" al Señor, ¿he contestado "sí" a lo qué aún se siente cómodo, seguro y sin riesgos?

¿Qué necesito hacer para ser completamente obediente al Señor?

¿Dónde me estoy deteniendo y por qué?

_____

_____

Día 4

Imagínate A Tú 40 Días de Devociones: Encontrar Tu Identidad a Imagen de Dios

leer

Génesis Capítulo 7

TEXTO DESTACADO:

- Génesis 7:4 "Dentro de siete días enviaré lluvia sobre la tierra durante cuarenta días y cuarenta noches, y limpiaré de la faz de la tierra cada criatura viviente que haya hecho."
- Génesis 7:12 Y la lluvia cayó sobre la tierra cuarenta días y cuarenta noches.
- Génesis 7:16 Entonces el Señor lo encerró.
- Génesis 7:17 Durante cuarenta días, el diluvio siguió cayendo sobre la tierra, y a medida que aumentaban las aguas, levantaron el arca muy por encima de la tierra.
- Génesis 7:24 Las aguas inundaron la tierra durante ciento cincuenta días.

reflexión

Hay algo significativo en la espera de los 40 días. Las inundaciones se desbordan. Hay algo significativo de estar en el desbordamiento, de ser sumergido en Dios, así como Jesús pasó 40 días en el desierto sumergido con el Padre. Tal vez no podamos simplemente meter los dedos de los pies en el agua; tal vez tengamos que estar completamente sumergidos. Necesitamos sumergirnos con Dios, profundizar en Él. La curación no ocurre en la superficie; suced en las profundidades.

Además de que las aguas retrocedieron, Noé tuvo que esperar hasta que él, su familia y los animales pudieran desembarcar con seguridad. Esta es una lección, no solo de obediencia a Dios, pero de la paciencia y la espera de que Dios cumpla Sus propósitos para nuestras vidas. No todos los milagros, curaciones y las salvaciones son inmediatas. Algunas de las bendiciones de Dios toman tiempo y nos obligan a esperar. Intenta esperar cualquier cosa 150 días antes de continuar con el siguiente paso de un plan, proyecto o proceso. Esperar en Dios vale la pena, pero nosotros tenemos que practicar la paciencia para ser lo suficientemente fuertes para recibir la bendición cuando Dios esté listo para darla (¡o dárnosla!)

A veces Dios cierra la puerta y nos encierra, lejos de cosas que nos harán daño. Nos hace esperar hasta que la costa esté despejada (¡literalmente para Noé!) Incluso cuando no entendemos por qué o cuánto tiempo tenemos que esperar, Dios mantiene la puerta cerrada por nuestra propia protección. Noé pudo haber escapado pero no tenía a dónde ir más que al agua sin un lugar para llegar. Era mejor para él y su familia quedarse quietos por un tiempo y esperar a Dios. Desearía recordarlo la próxima vez que se me cierre una puerta en la cara.

Estoy segura de que Noé y su familia estaban listos para salir del arca para volver a caminar sobre la tierra. Tuvieron que esperar; permanecer en cuarentena en un gran barco para escapar de la destrucción. Cuando finalmente desembarcaron, Noé le construyó un altar al Señor.

responder

¿Cuál es el mayor tiempo que he orado por alguien o algo antes de que me rindiera y dejara de orar?

¿Qué ejemplos en mi vida me dan esperanza para esperar a que lleguen milagros o bendiciones a alguien?

¿Cuánto tiempo estaré dispuesto a esperar a Dios... por algo?

Por lo general, preguntamos: "¿Hasta cuándo, oh Dios?"

Quizás Dios también nos espera y nos pregunta: "¿Hasta cuándo, hijo?"

¿Cuáles son los eventos en mi vida en los que Dios me ha salvado de la destrucción?

¿Cuándo he estado tan agradecido con Dios que le he construido un altar para Él en agradecimiento y recordatorio de lo que ha hecho por mi?

resolución

Día 5

leer

Genesis Chapter 8

HIGHLIGHTED TEXT:

- Génesis 8:1 "Pero Dios se acordó de Noé y de todos los animales salvajes y ganado que estaban con él en el arca, y envió un viento sobre la tierra, y las aguas retrocedierón. "

- Génesis 8:6 Después de cuarenta días, Noé abrió una ventana que él había hecho en el arca.

- Génesis 8:20 "Entonces Noé le construyó un altar al Señor y, tomando algunos de todos los animales y pájaros limpios, sacrificó ofrendas quemadas sobre él ", y dice en el versículo 21 "El Señor olió el aroma agradable y dijo que nunca más volvería a maldecir la tierra por culpa del hombre, a pesar de que cada inclinación de su corazón es mala desde la infancia."

reflexión

Dios se acordó de Noé, y Noé se acordó de Dios. Hay pensamientos y sentimientos entre los dos, por lo que hay entre Dios y nosotros hoy. Dios amaba el olor de una buena comida a la parrilla hecha especialmente para él. Mientras se inhala el delicioso aroma,

Día 5

sentía cariño hacia el hombre, sabiendo que al mismo tiempo el corazón del hombre se inclina al mal desde la niñez. Ese mal es la única independencia que anhelamos, independientemente de lo que Dios dice o quiere para nosotros. Desde el momento en que somos niños, luchamos contra nuestros padres para hacer las cosas por nuestra cuenta, estar solos, hacer lo que queramos hacer, independientemente de las consecuencias que los niños no pueden prever. Que tan amoroso es nuestro Dios que sabe que somos pecadores, pero continúa amándonos cuando le mostramos aprecio y amor.

Incluso en pandemias y tiempos de agitación mundial, recuerde el versículo 22: "Mientras dure la tierra, la siembra y la cosecha, el frío y el calor, el verano y el invierno, el día y la noche nunca cesarán." Aún hay esperanza. El mundo ha estado sumido en el caos durante siglos, pero continúa, como el amor de Dios por nosotros.

Todo lo que necesito para meditar hoy es que "Dios se acordó". Dios recuerda a su pueblo y su creación. Algunas veces cuando me pregunto si Dios se ha olvidado de mí, o si pienso que realmente no cumple sus promesas, pienso en Noé. Noé estaba esperando que las aguas retrocedieran durante 150 dias.

Dios recuerda. Dios recuerda Sus promesas y Sus hijos. La Biblia entera es la historia del cumplimiento de Dios de su promesa a nosotros.

Noé siguió enviando una paloma para ver si había tierra seca. La diligencia y paciencia de estar sumergido en Dios es increíble. Si Adán y Eva hubieran profundizado más con Dios, habrían recordado que tenían tanto. Dios había creado el mundo en siete días y cumplió todos sus deseos. Él podría haber respondido a sus preguntas. Dios todavía quería multiplicarse en la tierra. Recordó que creó humanos y la tierra a su imagen, por lo que sabía que la tierra volvería a crecer después del diluvio. Las plantas necesitan agua para crecer. Juan habla de "si bebes esta agua, nunca volverás a tener sed." Pero Adán y Eva no hablaron con Dios sobre sus pensamientos y preguntas; mejor escucharon a la serpiente y se confundierón acerca de las claras instrucciones de Dios.

responder

¿Con qué frecuencia recuerdo a Dios?

¿Con qué frecuencia recuerdo las promesas que hice en presencia de Dios y en el nombre de Jesús?

¿Con qué frecuencia recuerdo a la familia, los amigos y las almas perdidas en mis tiempos de oración?

¿Con qué frecuencia recuerdo agradecer a Dios por todo lo que ha hecho por mi?

¿Lo que ha hecho por nosotros?

¿Qué tan lejos estoy de Dios espiritualmente? ¿Siquiera sé dónde estoy?

Día 5

resolución

Día 6

leer

Capítulos 9 y 10 de Génesis

TEXTO DESTACADO:

- Dios no solo bendijo a Noé y a sus hijos, diciendo para que sean fecundos y se multipliquen, Dios también dijo en Génesis 9:5 "Y por tu sangre de seguro te pediré una contabilidad. Exigiré una contabilidad de cada animal. Y de cada hombre, también, exigiré una contabilizando de la vida de su prójimo."
- Génesis 9:11 Dios establece su pacto con sus palabras, "Nunca más toda vida será acortada por las aguas por una inundación; nunca más habrá un diluvio para destruir la tierra."
- Génesis 9:16 Siempre que aparezca el arco iris en las nubes, lo miraré y recordaré el eterno pacto entre Dios y todas las criaturas vivientes de todo tipo en la tierra."
- Génesis 9:21 Cuando bebió un poco de su vino, se emborrachó y quedó descubierto dentro de su tienda.

Día 6

reflexión

Dios ve que seguimos causando destrucción, rompiendo pactos y rompiendo con la voluntad de Dios. Sin embargo, Dios sigue queriendo redimirnos, para darnos la oportunidad de ser fructíferos y multiplicarse. Incluso si no recordamos, Dios nos recuerda. Dios no depende de nosotros para guardar su pacto.

Vemos a Noé caer en el Capítulo 9:21 cuando se convirtió en borracho y quedó descubierto. Este es un ejemplo de deseo propio que siempre aleja a la gente de Dios. Justo después del arcoiris, Noé se emborracha. No estaba satisfecho de beber el fruto de la viña, pero bebió en exceso, más de lo que necesitaba. Esto también afectó a sus hijos y a sus acciones que llevaron a Caín a ser maldecido. Acciones que comenzaron con el padre, afectó a los hijos. Los ejemplos que damos a nuestros hijos son claves para que sean bendecidos o maldecidos. Seguimos regresando a nuestros deseos carnales. Necesitamos protegernos de lo que hacemos inmediatamente después de una experiencia de arcoiris.

Adán recibió el honor de nombrar a todas las criaturas vivientes. Sin embargo, al hombre no se le dio total autoridad de la creación, pero se le hizo responsable para la creación de Dios. Dios retiene su autoridad sobre todos nosotros, humana y animal, y no requiere, exige una contabilidad por la vida de su prójimo.

Este es un cargo abrumador, de dar cuenta de la vida de nuestro prójimo. Para mí, esto significa que estoy obligada a contarles a otros acerca de Dios si no lo saben, y para hacer lo que pueda por sus vidas. Amar a Dios y servir al Señor y nuestros semejantes. Y con nuestra suprema inteligencia que encabeza las creaciones de Dios, necesitamos usar nuestra inteligencia y nuestro amor por cuidar a todos los animales y todo lo que trabaja para sostenerlos. Dios nos sostiene responsables de por vida.

Este parece ser un ámbito de responsabilidad aún mayor, debemos considerar cómo estamos manejando la tierra y sus recursos. Debemos considerar seriamente lo que hacemos para preservar la vida. Esa es una orden superior de la máxima autoridad, el Dios que nos hizo.

Solía pensar que el arcoíris en el cielo era una señal de para recordar el pacto, pero el versículo 16 dice que cuando Dios ve aparecer el arcoiris en las nubes, Dios recordará este "pacto eterno entre Dios y TODAS las criaturas vivientes de todo tipo en la tierra."

Normalmente podemos pensar en este pacto entre Dios y el hombre y toda nuestra descendencia, pero la Palabra dice que esta promesa se hace también a toda criatura viviente en la tierra. No tengo mascotas, pero disfruto observando cómo otros dueños de mascotas adulan a sus perros, gatos, pájaros, caballos, iguanas y serpientes. La relación entre el dueño y la mascota me parecen auténtica, al menos cuando veo al perro de servicio de mi nieta, Bowser, quedarse a su lado, contar con ella para ser alimentado y emprender aventuras con ella en el parque o vadeando en el lecho de un arroyo. Hay una conexión codependiente que compite con algunas relaciones de humano a humano. Debe haber una conexión magnánima entre el creador y los animales que creó.

Si el Creador ha prometido no destruir toda la tierra con otra inundación, entonces me pregunto por qué los humanos hacen tantas cosas que están destruyendo nuestra tierra. Nuestras acciones afectan directamente a nuestros semejantes en este mundo. Cuando miro documentales de naturaleza sobre especies amenazadas por la codicia, la ignorancia o el entretenimiento del hombre, creo que Dios tiene más confianza en la naturaleza que en el hombre en preservar el mundo que Él hizo para nosotros.

responder

¿Cómo me veo a mí mismo en relación con todas las demás criaturas en la Tierra?

¿Cómo veo mi relación con Dios?

¿Siento toda la autoridad que me ha sido entregada por mi Creador y la expectativa de pasar la eternidad con Dios?

¿O vivo con un sentimiento de muerte inminente por mis errores pasados y por la realidad de un infierno eterno lejos de Dios?

Imagínate A Tu 40 Días de Devociones: Encontrar Tu Identidad a Imagen de Dios

resolución

Día 7

Imagínate A Tú 40 Días de Devociones: Encontrar Tu Identidad a Imagen de Dios

leer

Génesis Capítulo 11

TEXTO DESTACADO:

- Génesis 11:1 Ahora el mundo entero tenía un solo idioma y un diálogo común.
- Génesis 11:6-8 El Señor dijo: "Si como un pueblo hablando el mismo idioma han comenzado a hacer esto, entonces nada de lo que planeen hacer les será imposible. Ven, déjanos bajar y confundir su idioma para que no se entiendan". Entonces el Señor los esparció desde allí por toda la tierra y dejarón de construir la ciudad.

reflexión

La gente quería construir una ciudad con una torre que llegara a los cielos, para que pudiéramos HACER UN NOMBRE PARA NOSOTROS MISMOS y no ser esparcido sobre toda la faz de la tierra.

Por lo general, la unidad y la colaboración son admirables características del liderazgo y las personas que trabajan juntas con el mismo propósito. Sin embargo, cuando ese propósito tiene la intención de trabajar en oposición con

Día 7

Dios y Sus propósitos, la unidad y la colaboración pueden convertirse en una fuerza maligna. En todos los casos, Dios todavía tiene el control y puede detener lo que sea que los humanos podemos idear contrarios a su voluntad para nuestras vidas.

Hablamos demasiado. Simplemente "seguimos balbuceando." Nosotros pensamos demasiado y apartamos nuestros pensamientos de Dios, así que Dios puso fin a nuestro pensamiento en grupo de tratar de sér más poderoso que Dios.

responder

¿Alguna vez he tenido un momento en el que he experimentado la unidad de pensamiento con los demás y me di cuenta de que trabajábamos juntos mejor y más fuerte que trabajando solo o en forma aislada?

¿Qué hice para contribuir al resultado final?

¿Alguna vez he tenido un momento en el que pensaba lo mismo pensamientos que otros, pero luego me di cuenta de que estábamos mal encaminados y trabajando en contra de la voluntad de Dios para nosotros?

¿Qué hice para cambiar nuestras circunstancias y tener éxito?

¿Cómo respondieron los demás? ¿Cuál fue el resultado final de mis acciones?

Imagínate A Tí 40 Días de Devociones: Encontrar Tu Identidad a Imagen de Dios

resolución

Día 8

Génesis Capítulo 12

TEXTO DESTACADO:

- Génesis 12:1 El Señor le había dicho a Abram: "Ve de tu país, tu gente y la casa de tu padre a la tierra que te mostraré.
- 12:1 El Señor le había dicho a Abram: "Deja tu país, tu pueblo, y la casa de tu padre y a la tierra que te mostraré."
- 12:2 "Te convertiré en una gran nación Y te bendeciré; Haré grande tu nombre, Y serás una bendición. Bendeciré a los que te bendigan Y al que te maldiga, lo maldeciré; Y toda la gente en la tierra, Será bendecido a través de ti."
- Génesis 12:4 Entonces Abram se fue, como el Señor le había dicho; y el Señor con él. Abram tenía setenta y cinco años cuando partió de Haram....
- Génesis 12:7 El Señor se le apareció a Abram y le dijo: "Para tu descendencia daré esta tierra". Entonces construyó un altar allí al Señor, que se le había aparecido.
- Génesis 12:8 De allí siguió hacia las colinas al este de Betel y plantó su tienda, con Betel al oeste y Ai al este. Allí construyó un altar al Señor e invocó el nombre del Señor. Entonces Abram partió y continuó hacia Negev.
- Génesis 12:10 La hambruna llega y Abram va a Egipto por un tiempo. Miente y dice que su esposa Sarai es su hermana. El faraón tomó a Sarai y trata bien a Abram, pero el Señor inflige graves enfermedades al Faraón y a su familia. El faraón le dice a Abram: "¡Llevatela y vete!" Génesis 12:20

reflexión

Todo en este mundo es temporal. En Lucas, Pedro dejó todo para seguir a Jesús. Estamos dispuestos a dejar todo por Dios? Abram fue llamado a ser diferente, no llamado a encajar. Cuando está construyendo una nación, tendría que ser diferente, para ser mejor, ser llamado fuera de la normalidad. Tenía que estar en una mentalidad completamente nueva. Incluso hoy en día, no podemos estar estancados; tenemos que construir el reino que sea más grande de lo que es ahora mismo. Dios le dijo a Abram: "Eres más grande que lo que eres ahora mismo."

¡El Señor le dice a Abram que se salga y se vaya! Con su promesa de bendecir, engrandecer su nombre, y todos los pueblos de la tierra bendecidos a través de él. Entonces ¡Vale la pena salir e irse con promesas como esta del Señor!!

Dios mantiene a Abram moviéndose para cumplir la promesa que Dios le hizo, independientemente de la edad de Abram. Cuando Abram se detiene, se toma el tiempo para construir un altar al Señor, para marcar la importancia de la Palabra de Dios para él, para orar y alabar a Dios, y recordar el increíble evento que acaba de pasar.

Para las personas que piensan que son demasiado viejas para escuchar de Dios, demasiado viejo para comenzar una nueva vida o un ministerio o una misión, tenemos a Abram como ejemplo a la edad de 75 años, dejando atrás su vida anterior.

responder

¿Cuáles son algunos momentos o eventos en mi vida en los que Dios me ha pedido que me mueva, que cambie, que dé un paso adelante en mi vida espiritual?

¿Que edad tenia?

¿Cómo he recordado o marcado este importante "logro" para que nunca lo olvide?

Si Dios me dice que "me vaya" hoy, ¿estoy dispuesto a dejar todo lo que sé e irme?

resolución

_____

_____

_____

Día 8

Día 9

leer

Génesis Capítulo

TEXTO DESTACADO:

- Génesis 13: 2 La esposa de Abram lo enriquece en ganado, plata y oro.
- Génesis 13: 3 Abram regresa a su primer altar al Señor e invocó el nombre del Señor.
- Génesis 13: 8 Abram divide la tierra con su hermano Lot porque su gente estaba peleando.
- Génesis 13:14 El Señor le promete a Abram toda la tierra que él pueda ver para él y su descendencia para siempre. Abram se trasladó de nuevo a vivir cerca de los grandes árboles de Mamre en Hebrón, donde construyó un altar al Señor.

reflexión

Dentro de la promesa de Dios de darle a Abram un legado de innumerables hijos, Dios también proporcionó a Abram con una esposa que le dio hijos, además de riquezas en forma de ganado, plata y oro. Dios cumple plenamente las promesas con más de lo que podríamos imaginar, incluyendo los recursos y el apoyo que necesitamos para vivir en la promesa. Posteriormente, Abram regresó a su primer altar e invocó al Señor. Obedientemente y sin preguntar, Abram divide su tierra con su hermano (dándole "mucho" a Lot para evitar las peleas familiares), Y Abram deja a Lot escoger primero de la propiedad! Aún así, Dios le promete a Abram toda la tierra que puede ver para él y su descendencia, es decir, suficiente tierra que más que abastece sus necesidades para él y su descendencia para siempre. Ese es un compromiso del tamaño de Dios que ofrece mucho y que no tiene fin.

Dios estaba implementando formas de ser como Cristo con el ejemplo de dar. Dios no quiso que nos guardaramos todos los recursos para nosotros, pero para ser un recurso para otras personas. Sabíamos que siempre estaríamos llenos, que Dios siempre suplirá nuestras necesidades. Incluso cuando no tenemos más para dar, Dios sigue dándonos para que podamos dar a otras personas. Al igual que con los panes y peces, había un suministro interminable. Dios continuó supliendo. Siempre hay un proveedor y una demanda, y Dios dice que él satisfará nuestras necesidades. Abram tenía la fe para regalar toda esa tierra, y sabía que aún estaría bien.

responder

¿Comparto mis recursos solo cuando tengo extra o no siento el dolor de dar?

¿Siento la necesidad de mantener el control de mis obsequios (diezmos, ofrendas)?

¿Estoy satisfecho de regalar lo mejor de lo que tengo y estar contento con lo que queda?

¿Sé que Dios seguirá bendiciendo más sin medida?

Al resolver disputas o conflictos, ¿qué tan fácil es para mí permitir que otros tengan el control?

¿Estoy dispuesto a sacrificarme por la paz para que todos "ganen", aunque me cueste algo?

resolución

_____

_____

_____

Dia 9

Día 10

¡Imagínate A Tú! 40 Días de Devociones: Encontrar Tu Identidad a Imagen de Dios

leer

Génesis Capítulo 14

TEXTO DESTACADO:

- Génesis 14:11-12 Cuatro reyes se apoderaron de todos los bienes de Sodoma y Gomorra y toda su comida; luego se fueron. También se llevaron a Lot el sobrino de Abram y sus posesiones, ya que vivía en Sodoma.

- Génesis 14:14-16 Cuando Abram escuchó que su pariente había sido tomado cautivo, llamó a los 318 entrenados hombres nacidos en su casa y fueron en persecución hasta Dan. Durante la noche, Abram (1) dividió a sus hombres para atacarlos y (2) los derrotó, (3) los persiguió hasta Hoba, al norte de Damasco. (4) Recuperó todos los bienes y trajo de vuelta a su pariente Lot y sus posesiones, junto con las mujeres y las otras personas.

- Génesis 14:20 Abram diezma la décima parte de todo.

reflexión

El egoísmo se ha incrustado en nuestra cultura. Abram rechazó la intención egoísta del rey, que se estaba dando puramente por sí mismo. Abram sigue siendo un ejemplo de cómo se supone que debe ser el pacto de Dios, el de las personas que son a la imagen de

Dios y son creadas a Su semejanza.

Abram hizo todo lo que pudo para proteger a su familia y sus posesiones. Estratégicamente usó sus hombres con eficacia y persiguieron al enemigo hasta que recuperó TODOS los bienes, Lot y toda su gente y sus posesiones. Habiendo recuperado todo, Abram establece un ejemplo para nosotros al diezmar una décima parte de todo lo que posee al sumo sacerdote Melquisedec, rey de Salem, pero Abram se niega a aceptar regalos del rey de Sodoma. Abram habla de su juramento de lealtad a Dios el Todopoderoso y proclama que ningún hombre (o rey) podrá decir que hizo rico a Abram. Abram acredita todo lo que es y le pertenece a Dios.

¡Lleva a alguien contigo en tu viaje! No tienes porque hacerlo solo.

responder

Hay momentos en los que nos vemos obligados a tomar decisiones sobre cómo protegemos lo que es nuestro y de quién recibimos obsequios o favores. Cuando he tenido que tomar una decisión que me costó algo, pero fue arraigada en mi lealtad y compromiso con Dios y Sus mandamientos?

¿Alguna vez he comprometido mi promesa a Dios intencional o involuntariamente, en mi trato con otras personas, en el mundo empresarial u otras áreas de mi vida?

resolución

Día 11

Génesis Capítulo 15

TEXTO DESTACADO:

¡LA GRAN PROMESA DE PROSPERIDAD!

- Génesis 15:1 Dios le dice a Abram que no tenga miedo, que Él es el escudo de Abram y su gran recompensa. Inmediatamente Abram le pregunta a Dios: "Oh Señor Soberano, ¿qué puedes dar ya que sigo sin hijos y el uno que heredará mi patrimonio es Eliezer de Damasco? No me has dado hijos; así que un siervo de mi casa será mi heredero."

- Génesis 15:5 Lo llevó afuera y le dijo: "Mira hacia arriba a los cielos y cuenta las estrellas, si es que realmente puedes contarlas." Luego le dijo: "Así será tu descendencia."

LOS TÉRMINOS DE LA PROMESA

- Génesis 15:8 Abram le pide a Dios una señal de su promesa, así que Dios le hace sacrificar un becerro, una cabra y un carnero y una paloma. Luego, en un sueño profundo el Señor le dice a Abram que no va a ser tan fácil recibir la bendición.

- Génesis 15:13 "Sabed con certeza que tu descendencia serán extranjeros en un país que no es el suyo, y serán esclavizados y maltratados durante 400 años... Sin embargo, irás a vivir con tus padres en paz y serás sepultado a una buena vejez ... " Y Dios sigue trazando su plan para Abram y su pueblo. Entonces Dios pone Su propio fuego para el sacrificio después de la puesta del sol y al caer la oscuridad... una olla humeante con una llamarada con una antorcha encendida apareció y pasó entre las piezas.

Día 11

reflexión

Dios lleva a Abram afuera y le dice que mire hacia arriba y cuente las estrellas, si es que realmente puede contarlas. Dios quiso que Abram tuviera mucha descendencia, ya que él desea muchas bendiciones para nosotros. Cuando Dios nos dice que nos bendecirá, ¿por qué tenemos que interrumpir y declarar lo que creemos que necesitamos? Él ya lo sabe ... y mucho más.

Con Dios nada es imposible. No solo establece los términos de sus promesas y pacto, enciende su propio fuego para el sacrificio, curiosamente, no por el calor del ardiente sol de mediodía, sino después de que el sol se había puesto y la oscuridad había caído. ¡Dios prende fuego al pacto y lo hace realidad! Todo un espectáculo de lo imposible que se hace posible en los términos de Dios. Dios actúa de esta manera para que no haya duda de quién tiene el poder y quién obtiene la gloria.

Dios estaba pensando más allá de lo que Abram estaba pensando y lo que podía ver. Dios quería que Abram fijara sus ojos en Él, y más allá, no en si mismo. Por eso le hizo mirar las estrellas. Así como un padre quiere que su hijo tenga contacto visual, Dios le estaba diciendo a Abram: "Mírame cuando te hablo (hacia los cielos y las estrellas)." Dios le dice a Abram: "Estoy aquí para prepararte para la prosperidad, pero debes confiar en mí para que pueda guiarte hacia el plan al que quiero que vayas."

responder

Abram le preguntó a Dios: "¿Qué me puedes dar...?"

¿Hago lo mismo en mi vida de oración, preguntando qué puede darme y hacer Dios por mí en lugar de agradecerle por lo que ya ha proveído y por Su promesa de serme fiel a mí y a mi familia para siempre?

resolución

_____

_____

_____

_____

_____

_____

Día 11

Día 12

Génesis Capítulo 16

TEXTO DESTACADO:

ESPERE A QUE SE DESPLIEGUE LA PROMESA DE DIOS

- Génesis 16:2 Sarai, la esposa de Abram era estéril y no espera la promesa de Dios, como le dice a su esposo Abram, "Ve, duerme con mi sierva; tal vez pueda construir una familia a través de ella ". Y Abram acepta... tal y como en el huerto del Edén. La mujer quiere jugar a ser Dios y el hombre sigue su invitación a unirse a ella, seguido de una culpa equivocada cuando ella le dice a Abram que él es responsable del "mal que estoy sufriendo". Abram devuelve la decisión a las manos de Sarai; ella maltrata a Agar, entonces Agar huye.

- Génesis 16:7 Agar es perseguida por el ángel del Señor, "Agar, sierva de Sarai, ¿de dónde vienes y a donde vas?" Ella responde que está huyendo de su ama, pero el ángel la manda de regreso: "Vuelve con tu ama y sométete a ella." Ella está siendo enviada de regreso al lugar donde fue maltratada, pero Agar recibe la misma promesa que Abram de Dios: "Aumentaré tu descendencia que serán demasiado numerosos para contarlos."

- Génesis 16:13 Agar llamará a su hijo Ismael (Dios escucha) y ella nombra al Señor que le habló, "Tú eres el Dios que me ve ". Y el pozo fue nombrado Beer Lahai Roi que significa "pozo del Viviente que me ve." Agar tiene que someterse y regresar... incluso con un "niño burro salvaje" que vivirá en hostilidad con todos sus hermanos.

Día 12

- Génesis 16:15 Agar le dio a Abram un hijo, y Abram le dio el nombre de Ismael... aunque el padre nombraba a los hijos, Abram usó el nombre dado a Agar por el ángel.

reflexión

Al principio Sarai estaba enojada con Agar, pero Sarai era la que no podía esperar la promesa que Dios tenía para ella y su marido. Ella le impuso familia a Abram y maltrataba a Agar. Sarai estaba satisfaciendo sus propieas necesidades, pero luego odiaba a la mujer que ella puso en su lugar para hacerlo.

Agar es bendecida por la ignorancia de Sarai. Mientras Abram dormía con Agar, Sarai perdió su período de espera. Realmente, tanto Sarai como Agar perdieron su período de espera por Dios para bendecirlas cuando Agar se escapó de su ama, Sarai, cuando el ángel del Señor la persiguió para regresar (para arrepentirse o regresar). Cuando Agar regresó, recibió su bendición de Dios. Dios tenía mayores bendiciones en mente para Abram, Sarai y Agar, pero en su lugar tomaron acción en vez de esperar a Dios.

Cuando el "niño burro" de Agar mostró hostilidad, él acababa de adquirir las características que los padres habían creado en el hogar. Era fácil echarle la culpa a algo o alguien que es inocente. ¿Quien era realmente el burro obstinado y desobediente de la historia? Fue solo el niño, o los tres: ¿Abram, Sarai y Agar?

Este es un testimonio de que Dios nos ve, incluso cuando nos adelantamos a las promesas de Dios o corremos de nuestros problemas. Cuando usamos nuestro don de libre voluntad imprudentemente, Dios puede hacernos retroceder hasta el punto de Su promesa de reagruparse para poder bendecirnos, incluso con consecuencias, como vivir con "un niño burro salvaje."

responder

¿Cuándo me adelanté a Dios y traté de apresurar el cumplimiento de su propósito para mí?

¿He actuado alguna vez como un "un niño burro salvaje" y causé hostilidad con mis hermanos y hermanas?

¿Cuándo culpé a algo o alguien que fue libre de culpa?

¿Cómo sé que estoy en la perfecta voluntad de Dios para mí?

Si escuchara a Dios llamando, "¿Dónde estás?" en referencia a mis pecados, ¿dónde estoy en mi caminar con el Señor, y ¿cómo respondería a Su pregunta?

"¿Dónde estás?"

Día 12

resolución

Día 13

Génesis Capítulo 17

TEXTO DESTACADO:

CAMBIO SIGNIFICATIVO EN LA IDENTIDAD: ¿QUIEN TE HA LLAMADO DIOS QUE SEAS?

- Génesis 17:1 Dios le dice a Abram: "Yo soy el Dios Todopoderoso; andar delante de mí y sé irrepresible. Confirmaré mi pacto entre tú y yo y aumentaré enormemente tus números."

- Génesis 17:5 El nombre de Abram cambió a Abraham … ¡evento significativo! Pacto eterno, eterna posesión de tierras para él y sus descendientes.

ACUERDO DE LOS TÉRMINOS DE LA PROMESA DE PROSPERIDAD

- Génesis 17:9 Abram debe guardar el pacto de Dios a través de la circuncisión como una señal… toda la descendencia de la persona o extranjero en el hogar debe ser circuncidado… Judíos y "gentiles" incircuncisos serán "cortados" de su pueblo… o circuncionado de su pueblo.

- Génesis 17:15 Sarai se convierte en Sara… reyes de pueblos vendrán de ella.

- Génesis 17:17 Abram se ríe… una broma a sus 100 años tener un hijo… Dios llama al niño "se ríe" – Isaac (¡no es broma!)

- Génesis 17:23 EN ESE MISMO DÍA, Abraham hizo cincurcionar a todos los hombres. Ismael tenía 13 años, Abram 99.

- Nombró a los hijos, Abram usó el nombre dado a Agar por el ángel

Día 13

reflexión

Abraham (y otros líderes bíblicos) construyeron altares a Dios para marcar eventos significativos, momentos que definen la vida. Además, momentos significativos fueron y todavía están marcados con nombres significativos al nacer. Dios marcó momentos significativos, momentos que definen la vida, cambiando el nombre de las personas, como Abram se convirtió en Abraham y Sarai se convirtió en Sara. Los padres prestan mucha atención a los nombres de sus hijos, y como adultos, agregamos títulos a nuestros nombres para denotar logros o para dar un reconocimiento especial: Dr., Sra. Rev., Señoría, señor, etc. A veces los adultos cambian sus apodos de la infancia se remontan a sus nombres de nacimiento. También se han renombrado a sí mismos debido a una nueva etapa en sus vidas. Así como Dios el Creador habló Su Palabra en existencia, le damos significado a nuestras vidas a través de nombres que nos llamamos a nosotros mismos y a los demás. Los nombres enmarcan nuestras identidades.

Es significativo que Dios llamara a Abram al lugar donde se suponía que debía ir. Dios conoce nuestros nombres. La Escritura dice: "Antes de que yo naciera, el Señor me llamó; desde el vientre de mi madre ha dicho mi nombre". (Isaías 49: 1) "Porque tú creaste mis entrañas; tú me hiciste en el vientre de mi madre". (Salmo 139: 13) Dios nos llama por nuestro nombre, y nuestros nombres nos hacen responsables. Vienen con nobleza, familia y propósito. Nos identifican a quién pertenecemos. Abram y Sarai fueron renombrados fuera de su dominio terrenal hacia el pacto con Dios. Él estaba dirigiendo su caminocovenant with God. He was directing their path.

responder

¿Cuándo he experimentado un cambio en mi identidad por un nuevo apodo, nuevo nombre o nuevo título?

¿Cómo afectó eso mis pensamientos y acciones?

Si Dios me cambiara el nombre hoy, ¿qué clase de nombre sería y cómo describiría la esencia de mi ser?

resolución

Día 13

Día 14

leer

Capítulos 9 y 10 de Génesis

TEXTO DESTACADO:

LA IMPORTANCIA DE LA HOSPITALIDAD Y LAS RELACIONES

- Génesis 18:2 Tres visitantes vienen a Abraham y él se apresura a recibirlos y se inclina hasta el suelo. 18: 7 Abraham CORRE hacia el rebaño para elegir un becerro tierno y se lo dió a su criado, quien se apresuró a prepararlo.

- Génesis 18:12 Sara se ríe de la noticia de un niño cuando ella está más allá de la edad fértil. (Para Dios, la edad no es un problema). Luego miente acerca de reírse del Señor.

DIOS ESCUCHA Y DIOS SALVA

- Génesis 18:24 ¿Y si Abraham pudiera encontrar 50 personas justas en Sodoma?

- Génesis 18:28 ¿45 personas justas?

- Génesis 18:29 ¿40 personas justas?

- Génesis 18:30 ¿30 personas justas?

- Génesis 18:31 ¿20 personas justas?

- Génesis 18:32 ¿10 personas justas? Dios responde: "Por el bien de diez, no lo destruiré."

Día 14

reflexión

Tener que buscar personas justas en Sodoma enfatizó cómo Abraham tuvo que pensar en qué es la justicia y quién era justo. La hospitalidad es la principal característica de ser cristiano. Los hermanos y hermanas en Cristo no deben sentirse fuera de lugar. Compartimos el mismo corazón en el mismo cuerpo de Cristo."

Dos son mejor que uno,

porque tienen un buen rendimiento por su trabajo:

Si alguno de ellos se cae,

uno puede ayudar al otro a levantarse.

Pero compadece a cualquiera que se caiga

y no tiene a nadie que los ayude a levantarse.

Además, si dos se acuestan juntos, se mantendrán calientes.

Pero, ¿cómo se calentará uno solo?

Aunque uno pueda ser vencido,

dos pueden defenderse.

Un cordón de tres hebras no se rompe rápidamente

Eclesiastés 4:9-12

Podemos pensar en el Antiguo Testamento como libros de reglas, leyes y tradiciones, pero también hay un tema fuerte de relaciones y hospitalidad. Los visitantes, incluso perfectos extraños, eran bienvenidos en el hogar con comida y comodidad de manera oportuna, visto en este ejemplo de Abraham.

Todas las cosas son posibles para Dios, incluso el parto de una anciana como Sara. Esto puede haber parecido absurdo, e incluso digno de una buena risa, pero cuando se enfrenta a Dios, Sara miente de haberse reído.

Dios fue paciente con Abraham al tratar de salvar a Sodoma. Abraham estaba cuestionando el plan de Dios, pero Dios permitió Abraham trabajar a través de su proceso de pensamiento con respecto al nivel de rectitud en su comunidad. Tanto como Abraham lo intentó, no pudo encontrar 50, ni siquiera 10 personas que eran justas. La ciudad de Sodoma estaba en tal decadencia que la injusticia era la norma para todos.

responder

¿Cómo ha cambiado la hospitalidad para nosotros hoy?

¿Cómo respondo cuando se me acercan extraños a mi o a mi hogar?

¿Por qué Sara le mintió a Dios acerca de reírse?

Si Dios me pidiera que buscara 50 personas justas, ¿me incluirían en los 50?

¿Sería capaz de encontrar 50, o 10, que pudieran decir que son justos a los ojos de Dios?

¿Vivo en una comunidad rodeada de personas justas?

¿Estoy en una comunidad de al menos 50 personas justas, o estoy aislado en mi comunidad de uno o solo con mi familia?

¿Qué importancia tiene la comunidad para mantener una vida de rectitud? ¿Estoy influenciado por ellos o no los influyo para que vivan una vida de rectitud?

¿Cómo se compara mi ciudad / estado / país con Sodoma?

¿Qué tan malvado tiene que ser uno para que Dios considere destruirlo?

Defina "rectitud". ¿Cómo se ve?

¿Cómo se siente?

Imagínate A Tí 40 Días de Devociones: Encontrar Tu Identidad a Imagen de Dios

resolución

Día 15

leer

Génesis Capítulo 19

TEXTO DESTACADO:

- Génesis 19:1 Dos ángeles llegan a la casa de Lot en Sodoma, y la hospitalidad de Lot lo impulsa a protegerlos. "No le hagas nada a estos hombres, porque han caído bajo la protección de mi techo." Los ángeles golpean a la multitud con ceguera. Los ángeles le pidieron a Lot que fuera el resto de Su familia. Cuando se lo contó a sus yernos, ellos pensaron que estaba bromeando. 19:14
- Génesis 19:16 Cuando Lot dudó, los ángeles agarraron su mano y las manos de su esposa y sus dos hijas y los sacaron a salvo fuera de la ciudad, porque el Señor fue misericordioso. Génesis 19:19 Lot no puede huir a las montañas y pide un pueblo cercano. Dios consiente.
- Génesis 19:26 La esposa de Lot miró hacia atrás y se convirtió en una columna de sal. Génesis 19:30 Lot y su familia huyen a las montañas fuera de Zoar porque no se sentían seguros. Dios dijo que protegería la ciudad con ellos viviendo ahí. AHORA cumple con la primera instrucción de Dios de huir a las montañas, donde vivían en una cueva, donde ambas hijas yacían con su padre Lot y tenían hijos: Moab y Ben Ammi.

Día 15

reflexión

A veces cambiamos nuestro destino por nuestras peticiones a Dios. A veces estamos paralizados por la inacción y la falta de fe. Los angeles intentaron salvar a los yernos de Lot, y ellos pensaron que la provisión de Dios era una broma. Lot dudó, y los ángeles tuvieron que agarrar su mano para que se moviera... ¡para salvarse a sí mismo y a su familia! Incluso cuando Lot sabía que se suponía que debía huir a las montañas, le pidió a Dios un Plan B, un pueblo más cercano en su lugar, a lo que Dios estuvo de acuerdo. Incluso cuando pedimos enmendar el plan de Dios, Dios permite nuestra libre voluntad y peticiones para cambiar Su plan original para nosotros. Para cuando la esposa de Lot miró hacia atrás, se quedó sin posibilidades de seguir adelante. Estaba permanentemente "paralizada" en sal. Hay peligro en mirar hacia atrás a su vida anterior.

Lot batalló para ir a donde Dios lo dirigió, tal vez porque Lot se haba vuelto demasiado cómodo. Se había movido de un lugar a otro durante años, por lo que estaba feliz de establecerse finalmente en un pueblo cercano en vez de en las montañas. Dios nos cambia fuera de nuestros lugares de comodidad porque quiere hacernos crecer y bendecirnos. Cuando nos sentimos cómodos, puedemos estar perdiendo lo que Dios ha planeado para nosotros. Nosotros perdemos oportunidades para crecer con Dios. Quería llevar a Lot a nuevas y más altas alturas en las montañas, pero Lot se conformó con su propio Plan B, que Dios permitió salir por la libre voluntad que le dio a la humanidad.

Así como Sarai, Abram y Agar actuaron en lugar de Esperar a que Dios los guiara, las hijas de Lot tomaron acción cuando Dios no lo ordenó. Durmieron con su padre, Lot, y tuvieron hijos. Las hijas no sabían cuánto tiempo estarían viviendo en la cueva de Zoar. Quizás Dios hubiera provisto para su decendencia de una manera que no fuera Incestuosa. Quizás por crecer en Sodoma, las hijas se vieron afectadas por la ambiente perverso y no confiearon en Dios para guiarlas de la oscuridad de la cueva a una vida diferente.

responder

¿Alguna vez me he sentido movido a seguir el plan de Dios para mi futuro, pero luego pedí un plan más fácil y seguro por miedo o molestias?

¿Qué necesito hacer para seguir adelante sin miedo a Dios sin dudar, sin inactividad o falta de fe?

Día 15

resolución

Día 16

leer

Génesis Capítulo 20

TEXTO DESTACADO:

ACTUAR CON LA CONCIENCIA CLARA
- Génesis 20 AHORA Abraham SE MUDO de allí, pero mintió acerca de su esposa Sarah en la nueva región del Negev.
- Génesis 20: 6 cuando Dios se le apareció a Abimelec en un sueño, Dios le dijo que actuaba con una clara conciencia y le impidió pecar. Dios pidió que Sara fuera devuelta a Abraham, quien Dios dijo que es un profeta
- Génesis 20:14 Abimelec ofrece restitución de ovejas y ganado cuando le devolvió a Sara, y también ofreció su tierra para vivir donde Abraham quisiera. Abimelec vindicó a Sara, y Abraham oró a Dios, y Dios sanó a Abimelec, su esposa y esclavas para que pudieran tener hijos de nuevo (porque Dios había cerrardo sus vientres a causa de Sarah).

reflexión

Abraham no tuvo suficiente fe para decirle la verdad acerca de que Sara era su esposa. Después de todo eso que había experimentado teniendo fe en Dios, eligió una ruta más fácil, al igual que Sara, quien guardó silencio y estuvo de acuerdo con la mentira.

Día 16

Cuando actuamos con la conciencia clara, podemos confiar en que Dios nos ayudará a alejarnos del pecado si le escuchamos. A veces causamos problemas sin querer, pero Dios nos avisa si nos quedamos cerca de él.

El capítulo 20 es un ejemplo del efecto dominó de las mentiras y el pecado. Es un ejemplo de restitución y restauración. También es un ejemplo del efecto dominó del perdón, restitución y oración de intercesión. Cómo actúa una persona realmente le importa a Dios ya otras personas.

responder

¿Cuándo no he sido completamente honesto con información y posiblemente mentí a alguien para protegerme, mi familia o mi orgullo?

¿Necesito restituir a alguien a quien he ofendido?

resolución

Día 17

leer

Génesis Capítulo 21

TEXTO DESTACADO:

DIOS OYE Y BENDICE

- Génesis 21:1 El tiempo de Dios es perfecto, y Dios cumple su promesa de tener un bebé para Abraham y Sara en su vejez. Abraham tenía 100 años cuando nació Isaac.
- Génesis 21 Sara contra Agar - Dios escuchó la risa de Sara y los sollozos de Agar, y Él les respondió a ambas. Dios bendice a toda la descendencia de Abraham, tanto de Sara y de Agar.
- Génesis 21:33 Abraham planta un árbol de tamarisco mientras invocó al Señor.

reflexión

Nunca es demasiado tarde cuando Dios quiere mudarse a nuestras vidas. En vez de construir un altar de piedras, Abraham planta un árbol mientras invoca al Señor. Dios prueba que cumple Sus promesas. Necesitamos asegurarnos de conocer todas las promesas de Dios en la Biblia para aumentar nuestra fe en que las cumplirá todas.

Día 17

Esta se trata de relaciones. Esto muestra cuanto Dios nos ama. Tenemos tanta prisa por llegar a las promesas antes de pasar por el proceso que Dios quiere para nosotros. Podemos ver a Dios en nuestra risa y en nuestras lágrimas en cualquier situación.

responder

¿Hay algo que no haya hecho en nombre del Señor porque pensé que estaba en la edad equivocada (demasiado joven o viejo)?

¿Tengo una relación con Dios que sea lo suficientemente fructífera como para poder construir un altar o plantar un árbol en respuesta a su fidelidad en mi vida?

resolución

_____

_____

Imagínate A Tú 40 Días de Devociones: Encontrar Tu Identidad a Imagen de Dios

Día 18

leer

Génesis Capítulo 22

TEXTO DESTACADO:

EL GRAN SACRIFICIO PROFÉTICO
- Génesis 22 Dios llama a Abraham, y tres veces, Abraham responde: "¡Aquí estoy!" Dios pidió un sacrificio de obediencia de Abraham primero, y en el TERCER DÍA, Abraham construyó el altar con su hijo Isaac.
- Génesis 22: 8 Abraham confiaba en que Dios proveería el cordero para la ofrenda.
- Génesis 22:12 Dios perdona a Isaac porque Abraham no retuvo a su hijo, como dice Dios, "tu hijo, tu único hijo." Tres veces Dios dice, "tu hijo, tu único hijo" en los versículos 2, 12 y 15. Tres veces Abraham dice: "Estoy aquí."
- Génesis 22: 17 Dios reafirma su promesa a Abraham de descendencia de todas las naciones de la tierra...

reflexión

Abraham tiene que confiar en que Dios proveerá, aunque no ve la evidencia de ello de que viene. Este es un precursor de la fe. Simplemente porque no vemos la evidencia no significa que Dios no nos va a

Día 18

proveer. Dios proporcionó el cordero. El tiempo es tan importante. Nuestro tiempo no siempre es el mejor, pero el tiempo de Dios es perfecto: se trata del avance de Su Reino, fe en Dios y temor de Dios.

Hay un paralelo entre Abraham pidinedo a sus siervos que esperen mientras él va a adorar y Jesús pidiendo a sus discípulos que esperen con él mientras él rezó en el jardín. Versículo 6 Abraham lleva la madera para la ofrenda quemada de su hijo primogénito; Jesús cargó su propia madera (la cruz) antes de su crucifixión.

responder

Si aparto un tiempo para escuchar a Dios y decirle: "¡Aquí estoy!" ¿Qué me diría Dios?

¿Existe un paralelo entre Abraham, Jesús y yo en que necesito pasar tiempo a solas con Dios?

¿Existe un paralelo entre Abraham y Jesús llevando una pesada carga de madera y mi llamado de Dios para llevar una pesada carga como sacrificio para Él y el cumplimiento de su promesa para mí?

resolución

Imagínate A Tú! **40 Días de Devociones: Encontrar Tu Identidad a Imagen de Dios**

Día 19

responder

¿Qué lugares especiales tenemos que nos recuerdan las bendiciones, la gracia, la misericordia o las provisiones de Dios?

¿El altar donde entregaste tu corazón al Señor?

¿El lugar donde rezaste cuando Dios te concedió un milagro?

¿Fue el quirófano?

¿La oficina del doctor? ¿Una habitación en tu casa? ¿Un lugar en la naturaleza?

resolución

_____

_____

_____

leer

Génesis Capítulo 22

TEXTO DESTACADO:

¿DÓNDE ESTÁ TU LUGAR ESPECIAL CON DIOS?

- Génesis 23:9 Abraham ofrece el precio completo por el sitio de entierro para Sara, pero Efrón el hitita le da a Abraham el campo y la cueva de forma gratuita. Abraham insiste en pagarlo, por lo que aceptaron los términos y el precio. Esta propiedad estaba cerca de su lugar especial de Mambre. (donde Abraham escuchó de Dios en Génesis 18: 1).

reflexión

"¡Ubicación! ¡Ubicación! ¡Ubicación!" Estos son los los tres factores más importantes a la hora de elegir bienes raíces en el mundo de hoy. En la época de Abraham, era era importante para él reservar un lugar de entierro adecuado para su esposa, Sara, cerca de su lugar especial de Mambre.

Siempre tenemos un lugar en Dios. Para mí, ir afuera me hace sentir más cerca de Dios. Dios nos da un lugar final para ir cuando morimos. Dios es el Hogar.

Día 19

Día 20

Génesis Capítulo 24

TEXTO DESTACADO:

DIOS SIEMPRE ESTÁ ANTE NOSOTROS

- Génesis 24:1 El Señor había bendecido a Abraham en todos los sentidos.
- Génesis 24:12 El siervo de Abraham oró a Dios por el éxito del día, y por ende, por la bondad hacia su amo, Abraham.
- Génesis 24:15 Antes de que terminara de orar, Rebeca aparece con su jarra de agua.
- Génesis 24 El tema de la hospitalidad corre fuertemente a través de las acciones de Rebeca mientras da agua a los camellos. No Rebeca no sólo se encarga rápidamente del riego de los animales, también ofrece paja, forraje y una habitación para pasar la noche. (verso 25)
- Génesis 24:34-49 El siervo da su testimonio y le da crédito a Dios "que me guió por el camino correcto" para obtener la nieta del hermano de su amo para su hijo.
- Génesis 24:52 Sin dudarlo después de escuchar el testimonio del siervo, Labán y Betuel confirman que "esto es del Señor; no podemos decirte nada de una manera u otra." Y Rebeca es entregada al siervo para que la lleve de vuelta para el hijo de Abraham.
- Génesis 24:55 La familia de Rebeca intenta detenerla de ir inmediatamente, pero ella dice: "Me iré" sin dudarlo.

Día 20

reflexión

Incluso el siervo de Abraham estaba orando por el éxito del su amo. Dios siempre está siete pasos por delante de nosotros. Orar por el éxito del día significa que sabemos que Dios ya ha ordenado nuestro día. Rebeca estaba tan dispuesta a decir que sí. Tenía tanta fe que Dios la estaba guiando. Dios quiere que aseguremos nuestra fe en él. Él siempre está con nosotros y por delante de nosotros.

Dios está respondiendo a nuestras peticiones de oración incluso antes de que terminemos de pedirlas. (¡No hay tiempo desperdiciado!) La obediencia inmediata a Dios: este es el objetivo al que todos deben esforzarse. (¡No pierdas el tiempo!)

responder

¿Siento que Dios me ha bendecido en todos los sentidos?

Si no es así, ¿cómo puedo prepararme para recibir bendiciones?

Déjame contar mis bendiciones hasta ahora y confiar en que Dios quiere bendecirme en todos los sentidos.

¡Imagínate A Tú! 40 Días de Devociones: Encontrar Tu Identidad a Imagen de Dios

resolución

_____

_____

_____

_____

_____

_____

_____

_____

_____

_____

_____

Día 21

leer

Capítulos 25 y 26 de Génesis

TEXTO DESTACADO:

LAS DOBLES BENDICIONES DE DIOS

- Génesis 25:9 Abraham es enterrado cerca de Mamre, donde Dios se le había aparecido.
- Génesis 25:19 hermanos gemelos Jacob y Esaú... ¡un doble bendición! Dios bendijo doblemente a Rebeca, que había sido estéril, y ahora iba a dar a luz a dos hijos.
- Génesis 25:33 ¡Esaú se vendió por la comida! Hambriento, vendió su primogenitura a Jacob por pan y guiso de lentejas

DE TAL PALO TAL ASTILLA

- Génesis 26:4 Dios le hace la misma promesa a Isaac que a Abraham. "Haré tu descendencia sea tan numerosa como las estrellas en el cielo y les daré todas estas tierras, y a través de tu descendencia todas las naciones en la tierra serán bendecidas, porque Abraham me obedeció y cumplió mis requisitos, mis mandamientos, mis decretos y mis leyes."
- Génesis 26:7 Isaac miente acerca de su esposa (diciendo que ella es su hermana) tal como Abraham lo hizo con Sara.
- Génesis 26:24 Dios se aparece a Isaac y repite su promesa de prosperidad.
- Génesis 26:28 "Vimos claramente que el Señor estaba con usted."

Día 20

reflexión

Vemos como la línea familiar de Abraham se desarrolla, como Dios le prometió. Dios le prometió a Abraham muchas generaciones, pero no le prometió que la familia estaría libre de conflictos. Tan importante como fue el legado familiar para Abraham, pronto después de que leemos sobre su muerte, leemos sobre sus nietos batallando por sus derechos de nacimiento.

¿No es eso lo que todos queremos... estar tan cerca del Señor que otros también ven "claramente que el Señor estaba contigo"?

La gente todavía tiene defectos. Las necesidades físicas se ponen en el camino de nuestras necesidades espirituales. Esaú se quedó atrás. Su futuro y bendiciones podrían haber sido mejores, pero no sabía cómo Jacob lo iba a engañar. Por miedo, celos, egoísmo o cualquier razón, Isaac puso a su esposa y a sí mismo en peligro mintiendo sobre su estatus. Abraham dijo la misma mentira, aparentemente pasando en su ejemplo y pecado a su hijo. Los hijos heredan las bendiciones de los padres, así como sus pecados y patrones de malos comportamientos, a menos que el ciclo se rompa con el arrepentimiento y reparación.

Dios sigue siendo Dios con la misma bendición, incluso cuando la gente falla.

responder

¿Con qué frecuencia permitimos que nuestros deseos carnales y físicos se interpongan a nuestro deseo de servir a Dios?

¿Qué conflictos familiares experimento que podrían ser mejores?

¿Voy a dejar que el deseo me impida hacer lo que necesita hacer por Dios?

¿Solo ocupo "espacio" en lugar de ocupar mi "lugar" con Dios?

¿Alguna vez he estado en una situación en la que sentí que mentir era necesario para mi sobrevivencia?

¿Alguna vez he dicho mentiras sobre mi cónyuge o pariente para hacer mi vida más fácil u obtener favores?

¿Qué bendiciones mías de Dios quisiera que pasaran a mis hijos?

¿Qué patrones de mala conducta o pecado quisiera romper para que mis hijos no continúen el ciclo?

Día 20

resolución

Día 22

leer

Génesis Capítulo 27

TEXTO DESTACADO:

PONIENDO LA CULTURA PATAS ARRIBA
- Génesis 27:26 Abraham sella su bendición con un beso para Isaac después de que Isaac se vende a su padre como su si fuera su hermano Esaú. Él "roba" la bendición de Esaú.
- Génesis 27:42 Esaú planea matar a su hermano Isaac, y se le describe como teniendo "furia".
- Génesis 28: 1 Isaac llama a Jacob y lo bendice. (vs. 3) "Que Dios Todopoderoso te bendiga y te haga fructífero y aumente tus números hasta que te conviertas en una comunidad de pueblos. Que te dé a ti y a tu descendientes la bendición dada a Abraham." Isaac transmite el legado de la promesa de prosperidad de Abraham.

reflect

La ira es una emoción humana peligrosa que puede hacer que digamos y hagamos cosas de las que nos arrepentiremos. Aunque la ira es una respuesta natural y comprensible, podemos controlar nuestra ira centrándonos en Dios y el entendimiento de que todos pecan, todos fallan, y todos decepcionan. Incluso la ira justificada no debe hacernos pecar o dañar a otros. Afortunadamente, Esaú no mató a su hermano, y los dos finalmente llegaron hasta un punto de perdón y paz.

Esaú estaba tan hambriento de alimentar su propio cuerpo que vendió su propia primogenitura, incluso cuando sabía que su hermano tenía el ojo puesto. A veces nos predisponemos y perdemos nuestra tierra prometida debido a nuestro egoísmo y vulnerabilidad para que nuestras bendiciones sean robadas.

Esaú sirvió a otros. La hospitalidad era una prioridad en su cultura. Jacob buscó un lugar de poder, pero Esaú continuó sirviendo a su madre y a su padre. Era un mejor siervo que Jacob.

En ambos casos, Dios continuó bendiciendo tanto a Jacob como a Esaú, cumpliendo así sus promesas a su padre.

responder

¿Alguna vez he estado tan enojado o furioso como para querer matar o herir a alguien?

¿Qué hizo que me sintiera de esa manera y qué puedo hacer para cambiar mis sentimientos o acciones?

¿Cómo puedo confiar en Dios lo suficiente para saber que seguiré siendo bendecido, independientemente de las acciones injustas de otro?

¿Cómo controlo mis hábitos alimenticios?

¿Me da tanta hambre que tomo malas decisiones?

¿Comprometo mi salud y mi futuro porque me apresuro a satisfacer mis necesidades o deseos inmediatos? Cómo puedo entrenarme para concentrarme en lo que es mejor para mi vida, incluso en tiempos de debilidad?

resolución

_____

_____

Día 22

Día 23

leer

Génesis Capítulo 28

TEXTO DESTACADO:

- Génesis 28:8 Esaú se casa con mujeres cananeas para fastidiar a su padre Isaac.
- Génesis 28:10 Jacob recibe la promesa de prosperidad de Dios en un sueño.

reflexión

Los niños siempre van a hacer cosas para fastidiar sus padres. Jacob realmente no se merecía la promesa, pero la recibió de Dios. Ya sea que seamos fieles o no a Dios, Dios permanece fiel a nosotros en Sus promesas y provisiones para nosotros.

Dios se comunica en sueños. El Espíritu Santo no descansa en sus comunicaciones. Dios nos habla en nuestras mentes inconscientes a través de los sueños, donde nuestras mentes están despejadas y abiertas a recibir la Palabra del Señor. Puede que sea el momento más íntimo para hablar con nosotros.

Día 23

Todos los padres quieren lo mejor para sus hijos y espera que se casen con alguien con valores familiares similares, moralidad y compatibilidad espiritual. Cuando los padres establecen parámetros y reglas para asegurar que sus hijos tomen buenas decisiones, los hijos no siempre obedecen y, a veces, desafían. Lo mejor que los padres podemos hacer es establecer expectativas con claridad, guiarse amorosamente y confiar en Dios con el resto. Dios proveerá y bendecirá a los que confían en él.

responder

¿Qué problema en mi familia ha causado división o descontento entre padres e hijos?

¿Qué provocó el conflicto y qué podría posiblemente resolverlo?

¿Por qué es importante que los hijos tomen sus propias decisiones como adultos?

¿Cómo se comunica el Espíritu Santo conmigo?

¿A través de los sueños? ¿A través de las Escrituras?

¿Qué puedo hacer para ayudar al Señor a comunicarse conmigo más a menudo o con más claridad?

¿Estoy dispuesto a escuchar lo que Dios quiere decirme?

resolución

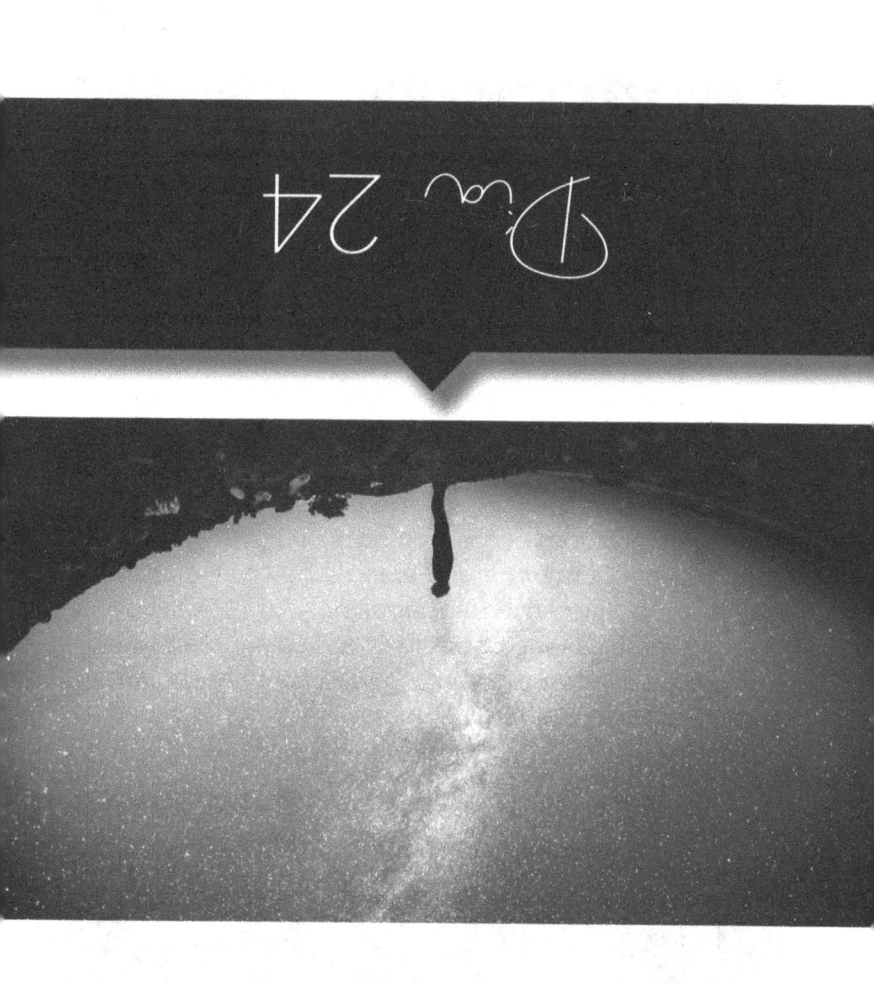

Dec 24

leer

Le Capítulos 29 y 30 de Génesis

TEXTO DESTACADO:

EL VERDADERO AMOR ESPERA

- Génesis 29:20 El amor verdadero espera. "Jacob sirvió siete años para conseguir a Raquel, pero solo le parecieron unos pocos días debido a su amor por ella."
- Génesis 29:23 Siguiendo los pasos del padre... Jacob engañó a su padre por la primogenitura de Esaú; ahora Labán engaña a Jacob y se acostó con Lea en lugar de Raquel, pero trabajó otros siete años para conseguir a Raquel.
- Génesis 29:31-35 Lea tuvo tres hijos para conseguir que su marido la amara, pero los celos entre Raquel y Leah continuaron.
- Génesis 30 Jacob aumenta su rebaño eligiendo la oveja más fuerte del rebaño. Manipula la naturaleza con lo que les da de comer y lo que les pone en su agua.

reflexión

Está la voluntad de Dios, y luego está la libre voluntad humana. En el caso de Jacob, Dios quería extender la línea familiar a través de Jacob, pero no fue tan fácil como Jacob pensó al principio. Tuvo que trabajar doblemente duro, y de hecho terminó con dos esposas en el proceso. Podríamos decir que Jacob tenía el doble de posibilidades de tener hijos, pero fue el doble de años de trabajo para casarse con Lea y Raquel.

Lea también trató de hacer que su esposo la amará al dar a luz a tres hijos, pero también tuvo que soportar los celos de Raquel.

Jacob se quedó con lo mejor del rebañode de ovejas de Labán, pero tuvo que hacer todo lo posible para alimentar y dar agua a las ovejas para ganárselas a Labán. A medida que Dios continúa proveyendo para Su pueblo, Su provisión no siempre viene sin costo alguno por parte de Su pueblo.

Este es un círculo completo, que muestra lo que es "esperar en El Señor." No podemos encapricharnos con nosotros mismos y nuestro propósito. Tenemos que aceptar la promesa de Dios. Algunas cosas deben ganarse antes de que puedan ser merecidas. Jacob tenía la motivación y coraje para cultivar su paciencia, obediencia, duro trabajo y ética moral. Dios nos enseña ética, moralidad, valores, paciencia, etc. Los siete años esperando a Raquel mostraron cómo Jacob estaba dispuesto a trabajar y esperar lo que pensaba que era parte de su propósito. Jacob fue entonces preparado para liderar su propósito con Raquel.

Imaginate A Tu **40 Días de Devociones: Encontrar Tu Identidad a Imagen de Dios**

responder

Mientras oro por la voluntad de Dios en mi vida y camino que El ha destinado para mi, cuanto esfuerzo hago para invertir en llevar a cabo sus promesas?

¿Estoy esperando que me entreguen Sus bendiciones de inmediato y sin trabajo de mi parte?

¿O estoy dispuesto a esperar y trabajar duro, incluso hasta siete años más siete años más, para cosechar las recompensas que tiene para mí?

resolución

_____

_____

_____

_____

Día 24

Día 25

¡Imagínate A Tú! **40 Días de Devociones: Encontrar Tu Identidad a Imagen de Dios**

leer

Génesis Capítulo 31

TEXTO DESTACADO:

¿PUEDES IR A CASA DE NUEVO?

- Génesis 31 Dios se le aparece a Jacob en un sueño, y Jacob responde: "Aquí estoy". Dios le dice que regrese a su tierra natal.
- Génesis 31:24 Dios vino a Labán el arameo en un sueño y le dijo que no dijera nada bueno o malo a Jacob.
- Génesis 31:35 Raquel usa su menstruación como una excusa, que es una mentira: "No se enoje, mi señor, que no puedo ponerme de pie en su presencia; Estoy teniendo mi menstruación."
- Génesis 31:49 "Este montón es un testimonio entre tú y yo hoy... Que el Señor vigile entre usted y yo cuando estamos lejos el uno del otro." (Jacob y Labán)

reflexión

No estamos demasiado lejos para volver a donde Dios nos tenía originalmente. La mayoría de las veces, cuando regresamos, estamos mucho mejor por haberlo hecho. La obediencia a Dios muestra cuánto lo amas. La obediencia es una línea directa a la disciplina. Es más difícil mantener la disciplina si no nos mantenemos obedientes a Dios. Dios siempre tiene un plan y un lugar para nosotros, incluso cuando los amigos o la familia puedan excluirnos o hacernos sentir que somos marginados. Él ya creó nuestro plan para nosotros, así que no hay nada que hacer más que tener confianza en dónde Él nos ha puesto.

Al igual que Abraham respondiendo al llamado de Dios con, "Aquí estoy", también lo hace Jacob, el hijo de Abraham. Con Abraham, Dios lo estaba enviando a un lugar nuevo. En el caso de Jacob, Dios estaba enviando de regreso a su tierra natal. A veces Dios no nos envía a nuevos lugares, sino en casa.

A veces usamos excusas para no ser obedientes o Cumplir con las órdenes. (¿Y sonreíste cuando leíste que las mujeres usaban su menstruación como excusa? ¡Sigue siendo el truco más antiguo de "el libro"!)

Los lazos familiares son fuertes, incluso cuando los suegros no siempre se llevan bien. Cuando estamos juntos o separados, es correcto pedir por la bendición del Señor sobre la familia.

Imagínate A Tú 40 Días de Devociones: Encontrar Tu Identidad a Imagen de Dios

responder

¿Alguna vez me han guiado "de regreso a casa" por un propósito particular?

¿Cómo me sentí cuando volví a un lugar donde había vivido o trabajado?

¿Se sentía igual o qué era diferente?

¿Cómo puede Dios reutilizarnos cuando regresamos a un lugar familiar?

Pensando en los miembros de la familia y los suegros que se han unido a mi familia a través del matrimonio, ¿cómo puedo orar por cada uno de ellos para que todos seamos más fuertes en la fe y más cercanos como familia?

resolución

Día 25

Día 26

¡Imagínate A Tí **40 Días de Devociones: Encontrar Tu Identidad a Imagen de Dios**

leer

Capítulos 32 y 3 de Génesis

TEXTO DESTACADO:

GUERRA ESPIRITUAL (Y FÍSICA) - LUCHANDO CON DIOS

- Génesis 32:28 Jacob lucha con Dios (ángel) y desarrolla una cojera en su cadera.
- Génesis 33:11 El legado de Esaú es restaurado cuando Jacob lo devuelve.

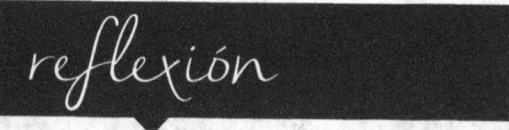

reflexión

Jacob se estaba preparando para encontrarse con Esaú y sin saber si Esaú estaría en busca de venganza o paz, así que Jacob oró y planeó hacer que su reunión fuera bien. A pesar de sus planes, Jacob tenía miedo. En lugar de enfrentarse al ejército de Esaú, Jacob se enfrentó a un hombre que saltó sobre él y luchó con él hasta el amanecer. Saliendo con su vida y una cojera de por vida, Jacob hizo las paces con su hermano y pudo devolverle a Esaú mucho de lo que había sido tomado de su legado.

Jacob vivió con una cojera de por vida y un arrepentimiento de por vida por su hermano. Jacob sufrió las consecuencias de su vida pasada. Su cojera era una forma física de recordar la noche en la que luchó por su vida.

Día 26

Todos llevamos algo con nosotros, alguna discapacidad o defecto o situación que es una lucha. Como seguidores de Dios y de Jesús, todos vamos a tener alguna cruz que llevar, algo con lo que luchamos, pero no estamos quebrantados en Dios. Estamos espiritualmente fijos y puestos por Dios.

Luchamos con nuestro Creador, alguien que es mucho, mucho más grande y fuerte que nosotros. Si somos creados a imagen de Dios, ¿no estamos entonces realmente luchando con nosotros mismos, con quiénes somos y cuál debe ser nuestro lugar? Porque Dios quiere sacarnos de donde estamos, a veces tiene que luchar con nosotros para que cambiemos. Está tratando de sacarnos de nosotros mismos. Que Dios incluso permitió que Jacob luchara, o que nosotros luchemos con Él, Él nos está preparando para ponernos en Su propósito.

Porque Dios quiere sacarnos del lugar donde estamos, tenemos que luchar con quienes somos. Dios tiene que estirar. Él no puede ponernos en un lugar de promesa si nos quedamos como estamos. Es como dice más adelante en la Biblia cuando se habla de poner vino nuevo en odres viejos. No podemos estar donde solíamos estar cuando Dios está tratando de llevarnos a otro lugar. Dios permitió que Jacob luchara con Él y consigo mismo, para que cuando terminaran de luchar, Dios pudiera poner a Jacob donde necesitaba estar.

responder

¿Cuándo ha habido un momento que me cambió la vida cuando he luchado con Dios y / o con otra persona?

¿Cuál fue el resultado?

¿Pude seguir adelante con la restitución y nuevo propósito, al igual que Jacob con Esaú?

Si estoy en medio de un conflicto con alguien o con Dios, ¿tengo un plan para terminarlo en paz?

¿Qué tendré que sacrificar para hacerlo?

resolución

Día 26

Día 27

¡Imagínate A Tu 40 Días de Devociones: Encontrar Tu Identidad a Imagen de Dios

leer

Génesis Capítulo 34

TEXTO DESTACADO:

LA VENGANZA PARECE HONORABLE PERO NO ES RECOMPENSADA

- Génesis 34:1 Los hermanos Simeón y Leví se vengan por la violación de su hermana Dina, engañándolos, circuncidando a todos los hombres y luego matando a todos los varones de la ciudad saqueando y robando, tomando todas sus riquezas, mujeres y niños, y todo en sus casas.

reflexión

A veces tratamos de tomar el lugar de Dios. No podemos quitarle el control a Dios, incluso cuando llega a las personas que queremos proteger. Tenemos que recordar que Dios es nuestro Defensor. Dios lucha nuestras batallas. A veces tratamos de tomar el lugar de Dios, pero somos humanos; somos imperfectos. Cuando tomamos el control, dejamos la relación fuera de la ecuación. Necesitamos dejar a Dios en nuestro corazón y dejar que Dios permanezca en control en nuestras vidas. Nosotros nunca podremos resolver los problemas completamente por nosotros mismos, porque no somos Dios.

Día 27

El pecado no afecta solo al individuo, sino a todos aquellos alrededor del pecador. Es contagioso y su efectos devastadores se extendieron como la pólvora. La justicia y la venganza son de Dios, no nuestra. No importa cuán afectados y ofendidos estamos por crímenes atroces, no debemos convertirnos en pecadores nosotros mismos en nuestras respuestas.

responder

¿Qué me han hecho a mí o a uno de mis seres queridos que me hace querer venganza, justicia o recompensa?

¿A qué estoy llamado a hacer como cristiano para responder al transgresor(es) de mi amigo o ser querido?

resolución

_____

_____

Imagínate A Tú 40 Días de Devociones: Encontrar Tu Identidad a Imagen de Dios

Día 28

Imagínate A Tú **40 Días de Devociones: Encontrar Tu Identidad a Imagen de Dios**

leer

Génesis Capítulo 35

TEXTO DESTACADO:

CONSTRUYE UN ALTAR

- Génesis 35:10 Cambio de nombre de Jacob a Israel con la repetida promesa de prosperidad de Abraham. Jacob coloca un pilar de piedra para conmemorar este acontecimiento trascendental (versículo 14) donde Dios le había hablado.
- Génesis 35:18 Cuando Raquel muere al dar a luz, nombra su hijo Ben-Oni (hijo de mi problema) pero Isaac cambia el nombre a Benjamín (hijo de mi diestra).
- Génesis 35:27 Jacob llegó a casa de su padre Isaac en Mamre y murió allí, sobrevivido por sus hijos Esaú y Jacob, quienes lo enterraron

reflexión

Un cambio de nombre indica un cambio en la visión de sus padres para él. Esto afecta el destino del bebé. Cómo nos nombran y cómo enmarcamos a las personas, y la forma en que verbalizamos los momentos que definen la vida afecta la manera en como nos vemos a nosotros mismos y nuestro mundo.

Día 28

Dios siempre tiene una visión para nosotros, incluso si no lo miramos. Él siempre tiene un plan y un propósito para nosotros. Dios ya ha planeado nuestro nombre. Dios incluso sabía cuál iba a ser nuestro nuevo nombre desde el principio.

responder

¿Cuáles son los nombres que me han dado, ya sea por mis padres o por otras personas?

¿Cómo afectan los nombres de nacimiento, apellidos, apodos y títulos cómo me veo a mí mismo y al mundo que me rodea?

Si quisiera replantear mi visión de mí mismo o de mi mundo, ¿qué nombre(s) me pondría?

Si Dios me nombrara hoy, ¿qué nombre sería?

¿Cómo me describiría a mí y a mi futuro por Su nombre para mi?

Imagínate A Tu **40 Días de Devociones: Encontrar Tu Identidad a Imagen de Dios**

resolución

Día 29

Imagínate A Tu **40 Días de Devociones: Encontrar Tu Identidad a Imagen de Dios**

leer

Capítulos 36 y 37 de Génesis

TEXTO DESTACADO:

LOS SOPLONES SE LES DA SU MERECIDO

- Génesis 37:2 El problema de José comenzó cuando delató a sus hermanos. "... y le trajo a su padre un mal informe sobre ellos ". Entonces crecieron los celos (versículo 4). Cuando José compartió sus sueños proféticos acerca de que sus padres y hermanos se inclinaban ante él, selló su destino. Sus hermanos lo odiaron y se deshicieron de él en un pozo.

- Génesis 37:24 Fue una bendición que no hubiera agua en la cisterna donde los hermanos deshicieron de José. Fue vendido por 20 siclos de plata (8 onzas) y llevado a Egipto, donde continuó su destino.

reflexión

¡Atrévete a ser diferente! Somos llamados por Dios a ser diferentes. José no pudo ir con sus hermanos, no porque fuera mejor que ellos, sino porque estaba haciendo lo que estaba hecho a su medida, ¡como su abrigo! Fue puesto por Dios. Era el propósito de Dios para José. A pesar de que José fue arrojado al pozo, ¡sólo podía "subir" desde allí! Cuando somos puestos para nuestro propósito, ¡también podemos subir!

Incluso en el momento más oscuro de José, en el fondo de una cisterna, hubo una bendición. No había agua para ahogarse; estaba en un lugar donde ningún animal podría atacarlo y matarlo; y estaba en un lugar donde vendrían otros hombres en busca de agua. Fue encontrado y llevado a Egipto. Aunque José vivió muchos años de prueba, se mantuvo fiel a sus creencias y a su Dios, y eventualmente ganó poder sobre toda la tierra.

Compartir sueños proféticos requiere valor y, a veces, como con José, ser profeta tiene consecuencias negativas. José tuvo que ser valiente. ¿Por qué querría compartir su próximo sueño profético cuando el primero lo llevó ser arrojado a un pozo y a la esclavitud? ¿Por qué? Porque Dios lo llamó para que lo hiciera, y él respondió

responder

¿Cómo puedo atreverme a ser diferente para estar en un mejor lugar para cumplir mi propósito de promover la voluntad del Reino de Dios?

Pensando en los momentos más profundos y oscuros de mi vida, hay algo sobre ese tiempo (antes o después) que podría considerar una bendición para sacar de la oscuridad?

¿Cómo proveyó Dios para mí, incluso cuando yo no me di cuenta?

¿Qué problemas estoy enfrentando esta semana, y hay alguna parte de la situación que sea una bendición o una señal que Dios sigue conmigo?

Imagínate A Tí 40 Días de Devociones: Encontrar Tu Identidad a Imagen de Dios

resolución

Día 30

40 Días de Devociones: Encontrar Tu Identidad a Imagen de Dios

leer

Génesis Capítulo 38

TEXTO DESTACADO:

RESTAURANDO UNA PROMESA INCUMPLIDA

- Génesis 38:15 A Tamar se le suele llamar "la prostituta", pero no era una prostituta de profesión. Viuda por la muerte del mayor de Judá, Tamar fue entregad al segundo hijo de Judá, que estaba de acuerdo a la costumbre en esos días. Cuando murió el segundo hijo, Judá se negó a hacer arreglos para que ella se casara con el tercer hijo. Tamar, cuya única esperanza era casarse y tener hijos, tomó medidas desesperadas. Ella atrapó a Judá haciéndose pasar por una prostituta y obteniendo su anillo de sello y subastón.

reflexión

 La historia hubiera sonado más honorable si Tamar se hubiera casado con Sela, el tercer hijo de Judá. Podrían haber continuado la línea familiar, como era la costumbre. En cambio, sirviendo como prostituta, Tamar obligó a Judá ser responsable por negarse a seguir las costumbres y cuidar de ella como su nuera. Cuando quedó embarazada de los hijos gemelos

de Judá, Jacob y Esaú, se conservó el linaje familiar. Es humillante y esclarecedor saber que la línea de Judá se continuó a través de un esquema escandaloso de mentiras, prostitución y chantaje. Aún así, el pacto de Dios con Abraham de tener muchos descendientes fue honrado.

Sin importar, todo lo que rompamos, Dios puede restaurarlo. No hay nada demasiado dañado para Dios. Tamar aún podría volver, como todos podemos. Todo tiene una historia, pero siempre podemos hacerlo mejor. Todo lo que se estropea puede ser restaurado con la ayuda de Dios.

responder

No solo cada uno de nosotros lleva el apellido, las tradiciones y costumbres familiares, sumamos también nuestras propias historias a la historia completa de nuestra familia.

¿Cómo he agregado o restado valor a la historia, costumbres, tradiciones y carácter de mi familia?

¿Cómo espero que mis hijos, hermanos u otros miembros de la familia continuen con el apellido?

resolución

_____

_____

_____

_____

_____

_____

_____

_____

_____

_____

_____

Día 31

Imagínate A Tí! **40 Días de Devociones: Encontrar Tu Identidad a Imagen de Dios**

leer

Génesis Capítulo 39 y 40

TEXTO DESTACADO:

PROSPERANDO EN NUESTRAS CIRCUNSTANCIAS

- Génesis 39:2-3 José, viviendo como esclavo, prosperó y "el Señor le dio éxito en todo lo que hizo." Ver el favor de Dios sobre José lo llevó a aún más éxito, una promoción en la casa de Potifar.

JOSÉ APRENDIÓ DEL ERROR DE ADÁN

- Génesis 39:9 José tuvo la tentación de tomar la única cosa que su amo retuvo, pero se mantuvo fiel a su amo. En el versículo 12, José deja su capa en sus manos y sale corriendo de la casa... dejando todo atrás para mantenerse fiel a su amo, aunque le costara su capa y falsas acusaciones por ella. Sin embargo, fue encarcelado como un hombre inocente, pero continuó prosperando porque (versículo 23) "el Señor estaba con José y le dio éxito en todo lo que hizo."

ALEGRÍA EN TODAS LAS CIRCUNSTANCIAS

- Génesis 40 José se encuentra con el copero del rey y panadero en prisión. Joseph comienza una amistad con ellos expresándoles empatía. Versículo 7: "¿Por qué están tan tristes sus caras hoy? El panadero fue ahorcado, pero el copero fue restaurado; sin embargo, no recordó al rey de José por 2 años más.

Día 31

reflexión

Esto muestra que, aunque seamos tentados, podemos perseverar a través de la tentación, y Dios lo honrará. Todo el mundo puede ser tentado. Todo es cómo lo pasamos y evitamos. Incluso si caemos, Dios aún nos puede sacar y aún podemos prosperar a través de Dios.

Cuando sabemos cuál es el resultado (o lo que debería ser), la transición o la espera no es tan difícil si tenemos fe. Esperar sin un propósito es difícil. Esperar con un propósito es más fácil. Permanecer en nuestro espíritu, permanecer en Dios, es decir, en Su paz, no preocuparnos por "el qué pasara". Simplemente cumplimos.

Nuestra actitud y enfoque de la vida hace una gran diferencia en el resultado. Si somos oprimidos, esclavizados, reprimidos en nuestra situación de vida, aún podemos prosperar siendo obedientes a Dios... y su autoridad.

La tentación de José por la esposa de Potifar es la antítesis de Adán y Eva en el jardín. José no solo se reusó llevar a la cama con la esposa de Potifar, "reusó irse a la cama con ella o incluso estar con ella." Usó gran sabiduría de no ponerse en alguna situación para ser tentado ni ser acusado de pecar contra Dios y contra Potifar.

¿No parecería que todos están tristes en la cárcel? ¡Pero José no! Esto lo llevó a interpretar los sueños. Independientemente de sus circunstancias, José siempre demostró gran fuerza de carácter, actitud positiva, humildad y empatía.

responder

¿En qué área de mi vida necesito considerar tomar medidas para evitar la tentación, y para evitar que alguien más tenga la oportunidad de acusarme de hacer algo inapropiado o pecaminoso?

¿Cuánto afecta el carácter y la actitud en mi comportarmiento en todas las circunstancias?

Incluso en los peores momentos, ¿qué puedo contribuir para obtener resultados positivos y cambiar mi vida y la de los demás a mí alrededor?

Día 31

resolución

Día 32

Imagínate A Tú **40 Días de Devociones: Encontrar Tu Identidad a Imagen de Dios**

leer

Génesis Capítulo 41

TEXTO DESTACADO:

LA GLORIA SEA PARA DIOS

- Génesis 41:9 El copero recomienda a José al rey para la interpretación de los sueños del rey.
- Génesis 41:16 José no se atribuye el mérito, pero dice: "No puedo hacerlo pero Dios le dará al Faraón la respuesta que desea." ¡La gloria sea para Dios!
- Génesis 41:41 Faraón pone a José a cargo de todo Egipto para prepararse para la próxima hambruna, como fue profetizado en los sueños del rey.
- Génesis 41:45 Faraón le dio un nuevo nombre a José... Zafnat-Panea para establecerlo como autoridad completa sobre todo Egipto.
- Génesis 41:31 Nace el hijo de José, Manasés. Su nombre significa "Dios me ha hecho olvidar todos mis problemas y todoa la casa de mi padre. El segundo hijo nacido es Efraín, que significa "Dios me ha hecho fructífero en la tierra de mi sufrimiento."

reflexión

Siempre estamos en alguna fase de transición. José sabía que llegaría a donde Dios quería que él fuera, como gobernante de Egipto. Dios sabía que José llegaría; era puramente Dios. Dando mérito donde mérito se debe, José se humilló y mostró la personalidad de Dios. Dios tiene humildad. Él podía hacer todo solo, pero no lo hace. Usa a las personas. Poniendo a Dios primero sobre nosotros mismos significa que todo lo demás encajará en su lugar.

Dios es humilde. Dios es paciente. Jesús se humilló a sí mismo para relacionarse con nosotros en todos los niveles. No es inalcanzable. No somos inalcanzables, no importa lo que hagamos o quiénes seamos. Es es todo el punto del sacrificio de Jesús en la cruz, para que todos puedan salvarse.

El copero acredita a José como intérprete de sueños. José le da crédito a Dios por los sueños y sus significados. Faraón le da crédito a José por prepararse para la hambruna y le da plena autoridad.

Los cambios de nombre ocurren nuevamente en las Escrituras, esta vez desde un nombre israelita a un nombre egipcio como el faraón le da a José plena autoridad sobre todos los egipcios. Entonces José nombra a sus hijos y en esos nombres le da a Dios el crédito por su vida fructífera.

responder

En mi caminata diaria, ¿cuántas veces le doy crédito a Dios y a los demás por las cosas buenas que les me suceden?

¿Creo que tengo éxito debido a mis talentos y habilidades aparte de la benevolencia de Dios?

¿Cuándo he tomado todo el mérito por algún éxito y he descuidado agradecer a otros que me ayudaron a lograr ese éxito?

¿Cuándo me he atrevido dar reconocimiento público a Dios por ayudarme a lograr una meta o de algún éxito?

¿Cómo puedo hacer que sea un hábito de agradecer públicamente a Dios y a los demás por el bien que han hecho?

resolución

_____

_____

Dia 32

Día 33

Imagínate A Tú **40 Días de Devociones: Encontrar Tu Identidad a Imagen de Dios**

leer

Génesis Capítulo 42

TEXTO DESTACADO:

LAS INTENCIONES CORRECTAS CON RESULTADOS INCORRECTOS (¿SIMEÓN LO HIZO BIEN?)

- Génesis 42 Los lazos de sangre son fuertes. José reconoció sus hermanos inmediatamente (versículo 7). Simeón vendió a su hermano José, pero fue detenido cuando los otros hermanos fueron enviados a traer a Benjamín de regreso. Simeón también era hermano, pero se vengó por la violación de su hermana, Dina. (Génesis 34)

reflexión

Simeón es un estudio de un hijo que fue criado en un familia espiritual, la familia de Jacob, pero hace errores desastrosos. Se le podría llamar el "salvaje" de la familia. Junto con sus hermanos, Simeon fue parte del complot para deshacerse de José arrojándolo en el pozo y dejarlo morir. Cuando los hermanos estaban en la cárcel durante tres días, José quería mantener a Simeón bajo custodia y envió a los otros hermanos a traer a Benjamín de regreso. ¿José separó intencionalmente a Levi y Simeón por su violencia y el saqueo de venganza por la violación de su hermana, Dina? Estaba intentando reducir el nivel de venganza que puede resultar por sus decisiones? Se les ofreció restitución por Dina, pero eligieron masacrar a todos los hombres del pueblo y saquear toda la ciudad.

Simeón respondió de manera violenta para vengar a Dina y en deshacerse de José en el pozo. Tal vez como gobernante de Egipto, José quiere mantener a Simeón aislado y contenido, lejos del resto de sus hermanos, hasta que la familia podría reunirse pacíficamente en el plan de José.

En prisión, José aprendió la humildad. Estando lejos de las distracciones, José aprendió. Similarmente, José separó a Simeón para que estubiera libre de distracciones, para aprender y acercarse a José y a Dios. Podemos separarnos por un tiempo de las distracciones, como poner nuestros teléfonos "en la cárcel" y lejos de las redes sociales, con el fin de aislarnos de influencias externas. De esta manera, podemos acercarnos más a Dios.

responder

¿Qué papel juego en mi dinámica familia?

¿Soy considerado el "salvaje" y reacciono rápida y violentamente cuando yo o un miembro de mi familia somos ofendidos?

¿Soy el pacificador reflexivo que planea resolver los conflictos con misericordia y comprensión?

¿Quién en mi familia necesita gracia adicional o extra atención para ser devuelto al redil familiar?

Imagínate A Tu **40 Días de Devociones: Encontrar Tu Identidad a Imagen de Dios**

resolución

Día 34

¡Imagínate A Tú! **40 Días de Devociones: Encontrar Tu Identidad a Imagen de Dios**

leer

Capítulos 43 y 44 de Génesis

TEXTO DESTACADO:

JOSÉ PONE A PRUEBA A SUS HERMANOS, Y ¿APRENDIERÓN SU LECCIÓN?

- Génesis 43 José muestra favor al hermano menor, Benjamín, dándole cinco veces más que a cualquier otra persona. Judá siente el dolor de su padre en el versículo 34: "No me dejes ver la miseria que vendría a mi padre."

reflexión

El favoritismo puede invitar a los celos en la familia. José experimenta el resultado de los celos de sus hermanos y sufre las consecuencias por ello, como hacen todos los hermanos. Se desviaron del plan de Dios para ellos. La vida puede volverse desordenada y sucia, pero Dios puede restaurarnos a todos, sabiendo que somos o seremos favorecidos por Dios. los El hecho de que estemos aquí significa que somos favorecidos por Dios, solo de diferentes maneras y en diferentes momentos. Todos tenemos un tiempo designado para el favor de Dios. Dios se está inculcando a Sí mismo en nosotros con un plan para cada uno de nosotros

Día 34

Es interesante que los hermanos "rasgaron sus ropa"cuando el daño estaba a punto de llegar a su hermano menor, Benjamín... tan diferente de su respuesta a su hermano menor José. Quizás ellos aprendieron la lección de los celos fraternales, o respetaron a su padre tanto como para cuidar profundamente al bebé de la familia. ¡Los hermanos habían visto la miseria de su padre sobre José durante años!

responder

José muestra favoritismo hacia el hermano menor, Benjamín, mientras que Judá muestra empatía por el dolor su padre. ¿Está justificado el favoritismo en algunos casos con algunas personas?

¿Cómo ha causado celos el favoritismo en mi familia círculo de amigos, o en mi lugar de trabajo?

¿Siento empatía por los demás, incluidos mis padres, cuando estan sufriendo?

¿Sé mostrar empatía? ¿Cómo?

resolución

Día 35

¡Imagínate A Tú! 40 Días de Devociones: Encontrar Tu Identidad a Imagen de Dios

leer

Génesis Capítulo 45

TEXTO DESTACADO:

CAMBIANDO LA NARRACIÓN

- Génesis 45 José da a conocer el propósito de Dios para él. Versículo 5: "fue para salvar vidas que Dios me envió delante de ti... Versículo 7: "Pero Dios me envió antes que tu para conservar un REMANENTE en la tierra y para salvar sus vidas con una gran liberación ". Versículo 8: "Entonces, no fuiste tú quien me envió aquí, sino Dios... "

- • Génesis 45:22 José favorece a Benjamín nuevamente con plata y cinco veces la asignación de ropa que se le dió a los hermanos por José. Entonces José advierte los hermanos en el versículo 24, "¡No peleen en el camino!"

reflexión

Del pozo a la esclavitud, de la cárcel a la corte del faraón, cada paso del viaje de José lo llevó al cumplimiento del propósito de Dios para él: salvar vidas. La fuerza de su carácter y su obediencia a Dios en sus tiempos más desafiantes le permitió salvar su la vida, la vida de su familia y la vida de muchas personas. Una vida bien vivida = muchas vidas salvadas!

Día 35

Finalmente, José es capaz de articular las palabras del propósito de Dios para él y compartirlo públicamente. Él revela su identidad cuando "llega a la mayoría de edad" en Dios. José ha pasado por el proceso hacia su propósito y se siente cómodo en su identidad. Algunas personas todavía caen hacia el mundo y lejos de Dios, pero Dios nos equipa para que podamos soportar la presión del mundo. Si permanecemos cerca de Dios el tiempo suficiente, Él nos equipará para darnos cuenta de quiénes somos y cuál es nuestro completo propósito. Que es para hacer avanzar el reino de Dios. Saber quiénes somos en Dios significa que también confiamos en el tiempo de Él, no en el nuestro.

responder

En mi viaje espiritual, ¿estoy manteniendo la fuerza de carácter y obediencia a Dios a diario, incluso en pequeños asuntos o situaciones que no veo conectado con el plan de Dios para mi vida?

¿Cómo me está preparando Dios en pequeñas formas para ser equipado para enfrentar los retos más grandes que se avecinan?

¿Me siento cómodo sin saber lo que me espera solo lo que Dios tiene para hacer hoy?

Imagínate A Tí! 40 Días de Devociones: Encontrar Tu Identidad a Imagen de Dios

resolución

Día 36

leer

Génesis Capítulo 46

TEXTO DESTACADO:

¿CUÁNDO ESTAMOS LISTOS PARA MORIR?

- Génesis 46:28 En la reunión entre Israel y José, Israel dice: "Ahora estoy listo para morir, ya que he visto por mí mismo que todavía estás vivo."

reflexión

Porque somos humanos, la muerte llega a nuestras mentes a menudo, cuándo vendrá y cómo irá ocurrir. Puede dar miedo cuando pensamos en nuestros errores pasados. Dios sabe que cometeremos errores, pero Él sabe que podemos ser perdonados por medio de Jesucristo. ¡La gracia de Dios nos cubre! No podemos ganarnos el cielo. Dios sabe que no podemos pagarle por perdonarnos por nuestros pecados. Él abrió un camino para restaurarnos a través de Su Hijo, Jesús.

Esto es lo que debería ser para cada uno de nosotros reconozcamos a Jesús resucitado. Una vez que aceptemos a Jesús como nuestro Salvador

Día 36

y sepa que viviremos por Él, tanto en esta tierra como en el cielo, debemos estar seguros de saber que cuando llegue el momento de morir, estaremos listos en Cristo Jesús!

responder

¿Puedo decir con confianza: "Cuando llegue el momento, estaré estoy listo para morir, ya que he visto por mi mismo que Jesús está vivo!"?

¿Estoy seguro de que iré al cielo cuando muera?

Si no es así, ¿qué debo hacer para obtener esa seguridad?

Si es así, ¿qué quiero hacer por Dios mientras todavía estoy viviendo en la tierra que glorificará a Dios para avanzar Su Reino?

resolución

_____

_____

_____

189

Imagínate A Tí 40 Días de Devociones: Encontrar Tu Identidad a Imagen de Dios

Día 37

Imagínate A Ti **40 Días de Devociones: Encontrar Tu Identidad a Imagen de Dios**

leer

Génesis Capítulo 47

TEXTO DESTACADO:

LOS EGIPCIOS DISMINUYEN Y LOS ISRAELITAS AUMENTAN

- Génesis 47:18 Representando al Faraón, José (Egipto) termina con todo el dinero y el ganado... "No le podemos ocultar a nuestro señor el hecho de que nuestro dinero se ha ido y nuestro ganado le pertenece, no hay queda nada para nuestro señor, excepto nuestros cuerpos y nuestra tierra". Verso 20 "La tierra pasó a ser del Faraón, y José redujo al pueblo a la servidumbre, desde un extremo de Egipto hasta el otro..." excepto la tierra de los sacerdotes. Versículo 25: "Nos has salvado la vida", dijeron. "¿Podemos encontrar favor a los ojos de nuestro señor; estaremos esclavizados al Faraón ".
- Versículo 27: Ahora los israelitas se establecieron en Egipto en la región de Goshen. Adquirieron propiedades allí y fueron fructíferos y aumentaron mucho en números.

reflexión

 Porque la gente se dio cuenta de que sus vidas se salvaron, pidieron favor y se fueron en servidumbre (esclavitud voluntaria) al faraón. A cambio de sus vidas, él los "poseía". Comparando la sumisión del pueblo al Faraón con nuestra sumisión

a Dios, venimos al Señor, dándole todo lo que era suyo para empezar, y nos ponemos en esclavitud (es decir, completa obediencia a Él) para ser cuidados, para ser alimentados, para sobrevivir. No importa lo que poseamos o cuánto dinero tengamos, lo más importante es a quién le debemos la vida. No a los padres o el médico que nos trajo al mundo a través del parto, no la persona que nos contrató, ni el miembro de la familia que nos dejó algo de dinero, ni siquiera nuestro arduo trabajo. Debemos nuestras vidas y todo lo que poseemos al Señor, que nos da vida y salvación a través de Jesucristo.

José demuestra que las habilidades más el tiempo son iguales al favor. Sus hermanos también demuestran esta ecuación. Desde que eran pastores, tenían la habilidad especial que llevó a cuidar el ganado del faraón. Fueron preparados y equipados para ser favorecidos. El favor de Dios estaba sobre su pueblo, los israelitas. Fueron dados un lugar de promesa y paz bajo el gobierno de José.

responder

¿A quién le doy crédito por mis ingresos, mis posesiones y mi propiedad?

¿Le doy crédito a mi empresa, a mis padres, ganar la lotería o mi ética de trabajo?

¿Cuánto de mí y de mis posesiones he "Devuelto" a mi Creador y Salvador?

resolución

Día 38

Imagínate A Tú 40 Días de Devociones: Encontrar Tu Identidad a Imagen de Dios

leer

Génesis Capítulo 48

TEXTO DESTACADO:

CUANDO NOS REUNIMOS
* Génesis 48:2 Israel (Jacob) se enferma, pero cuando José va hacia su padre, "Israel reunió sus fuerzas y se sentó en su cama." Israel reafirma la promesa de prosperidad a José, y luego le dice a su hijo: "Nunca esperaba volver a ver tu rostro, y ahora Dios me ha permitió ver a tus hijos también."

EL LEGADO INVERTIDO CONTINÚA
* Génesis 48:14 Israel (Jacob) cambia sus manos del primogénito de José, Manasés, a Efraín, el más joven, así como Israel (Jacob) el más joven robó la bendición de Esaú. Incluso cuando José intenta corregir a Israel, Israel a sabiendas pasa su bendición al más joven y declara en el versículo 19 "su hermano menor será más grande que él".

reflexión

Cualquiera puede continuar con un legado familiar. Dios no seguie el orden de nacimiento natural, pero Su orden para nosotros. Todo el mundo tiene una ubicación diferente de la familia en lo natural, pero todos tenemos un propósito y compartimos en la misma familia de Dios.

Día 38

A menudo, las personas en su lecho de muerte se unen cuando ven a seres queridos. Yo también tengo una oración para que Dios me permita ver a mis nietos y a mis bisnietos antes de morir.

El orden de nacimiento puede determinar algunos rasgos de personalidad. Normalmente, el mayor asume la mayor parte de la responsabilidad que los hermanos menores; el más joven a menudo asume el papel del "bebé" y el favor; y el niño del medio lucha para encontrar identidad y atención ni como el líder ni como el bebé. Contrariamente a la costumbre de dejar el legado familiar al hijo varón mayor, leemos de muchos ejemplos del legado cambiándolo a los más jóvenes, poniendo sus tradiciones patas arriba. Independientemente de nuestra orden de nacimiento o favor, Dios llama cada uno de nosotros a cumplir Su propósito para nosotros.

responder

¿Cómo me relaciono con los miembros de mi familia que son mayores o jóvenes?

¿Hay expectativas diferentes para cada uno?

¿Cómo me relaciono con la familia de mi iglesia?

¿Qué se espera que haga como miembro para contribuir del cuerpo de la iglesia?

¿Estoy haciendo lo que Dios me ha llamado a hacer dentro de la iglesia y fuera del cuerpo de la iglesia?

Imagínate A Tu 40 Días de Devociones: Encontrar Tu Identidad a Imagen de Dios

resolución

Día 39

Imagínate A Tú **40 Días de Devociones: Encontrar Tu Identidad a Imagen de Dios**

leer

Génesis Capítulo 49

TEXTO DESTACADO:

EL JUICIO FINAL

- Génesis 49 Las bendiciones de Jacob para sus hijos, las más favorables para Judá, Zabulón, Dan, Gad, Aser, Neftalí, José y Benjamín. No tanto con Ruben (ya no para sobresalir), Simeón y Levi (maldecidos por su ira y furia), e Isacar (trabajo forzado).

reflexión

Después de leer el relato de Jacob y sus hijos, particularmente la historia de José y su túnica de muchos colores, uno podría pensar que José sería el hijo para continuar la línea mesiánica hasta Cristo Jesús. Sin embargo, Judá es el hijo bendecido con la línea de reyes a través de la historia. También se podría pensar que los hijos habrían sido igualmente bendecidos por el padre, como sucede a menudo en las familias de hoy. Sin embargo, ocho hijos reciben las bendiciones favorables, mientras que cuatro reciben lo contrario, es decir, maldiciones. Hay una buena razón para las decisiones de Jacob. El primogénito Rubén profanó la cama de su padre (49: 4); el siguiente en la fila, Simeón y Leví demostraron una ira incontrolada (49: 5); José continuó siendo muy favorecido (49: 22-26); pero fue Judá (un hijo de en medio) quien fue elegido para ser un padre de futuros reyes. Una vez más, el orden de nacimiento no resultó ser un derecho de nacimiento. Cada hijo fue juzgado y bendecido o maldecido en base a su carácter y sus acciones, y estas bendiciones y maldiciones se filtraron a través de la línea de la familia.

Los hijos tenían una idea, una expectativa, de ser bendecidos por su padre. Dios tenía otras ideas para cada uno de ellos. No podemos determinar nuestro propio resultado por lo que vemos en nosotros mismos, sino por lo que Dios ve en nosotros.

responder

¿Puedo identificar los tipos de bendiciones o maldiciones que parecía haber heredado a través de mi línea familiar?

Si fuera juzgado hoy con bendiciones o maldiciones basadas en mi carácter y acciones, que podría esperar de Dios Padre?

¿Qué he hecho y en qué me he convertido para ser visto favorable o desfavorablemente por Dios?

¿Qué podría querer transmitir a mis hijos, mis nietos, o a mi comunidad de creyentes durante mi vida?

Imagínate A Tí 40 Días de Devociones: Encontrar Tu Identidad a Imagen de Dios

resolución

_____

_____

_____

_____

_____

_____

_____

_____

_____

_____

Día 40

leer

Génesis Capítulo 50

TEXTO DESTACADO:

- Génesis 50 José llora por su padre Jacob durante 40 días para el proceso de embalsamamiento y los egipcios estuvieron de luto durante 70 días. Jacob fue enterrado cerca de Mamre.

- Génesis 50:20 José a sus hermanos: "Tenías la intención de dañarme, pero Dios quiso que fuera bueno para lograr lo que se está haciendo ahora, la salvación de muchas vidas. Entonces entonces, no tengas miedo. Yo te proveeré a ti y a tus hijos." Y les tranquilizó y les habló amablemente.

- Génesis 50:24 José les recuerda a sus hermanos acerca de la promesa de prosperidad de Dios a Abraham, Isaac y Jacob.

- Génesis 50:26 José fue puesto en un ataúd en Egipto

- El libro de Génesis ha rastreado el árbol genealógico de Adán a Jesús en la designación de la línea mesiánica que lleva a Jesucristo. Génesis también ha dado una relato detallado del pacto de Dios con su pueblo, desde Su promesa en el Huerto del Edén hasta Su promesa a Abraham. Hemos leído cómo los israelitas llegaron a ser esclavos en Egipto, y hemos visto cómo todas las acciones tienen consecuencias, incluso cuando el propósito de Dios para Su pueblo continúa hacia la realización. El libro de Génesis ha establecido el fundamento de la tierra y del cielo, el pacto entre

Dios y su pueblo, y el viaje para buscar y esperar al Mesías venir. Éxodo, el próximo libro de la Biblia, nos lleva más a través del Antiguo Testamento mientras la gente espera al Mesías, rompiendo y restableciendo su parte de el pacto con Dios varias veces. Solo el Nuevo Testamento cuando leemos el relato de Jesús, el Mesías, naciendo, veremos que las luchas y la espera valió la pena la venida de Jesús, Salvador de todos que invocan su nombre.

reflexión

José no sabía exactamente lo que iba a suceder, pero sí conocía a Dios y confiaba en Él. Confió en las profecías que le dio Dios. Génesis concluye un pensamiento final que cierra el ciclo de José, desde el favor de su padre natural hasta el favor de su Padre celestial en sus palabras: "Tenías la intención de dañarme, pero Dios lo diseñó para bien".

Génesis nos muestra que desde el principio, Dios tiene un prpósito para nosotros. Fuimos creados a imagen de Dios, y Dios dice que crearnos es bueno. Los siguientes capítulos de La Biblia nos muestran cómo Dios guía a Su pueblo hacia su propósito, a su identidad como pueblo de Dios.

Hoy es solo el comienzo de donde Dios nos va a llevar a cada uno de nosotros en nuestras vidas.

José fue enterrado cerca del lugar donde Dios habló con él, donde había experimentado la intimidad más cercana con Dios. José estaba en el lugar donde Dios lo había criado para prosperar y salvar vidas.

responder

Si tuviera que planear mi propio funeral hoy y quisiera que mi cuerpo o mis cenizas residieran en el lugar que significó más para mí en términos de mis tiempos más cercanos con Dios, ¿dónde estaría ese lugar?

¿Qué lugares y tiempos resaltan en mi memoria que Designan la prueba de que Dios me habla o que Dios me escucha?

¿A dónde voy para escuchar a Dios?

¿A dónde voy a hablar con Dios?

Día 40

resolución

Conclusión

Después de semanas de leer Génesis y hablar juntas sobre nuestras reflexiones, Francesca y yo nos dimos cuenta de que seguimos en buscar de Dios a través de la Palabra y a través de nuestra idea de lo que significa ser creado a imagen de Dios. Esto es sólo el principio. Ahora nos dirigimos al Éxodo para ver cómo Dios continuó guiando, corrigiendo y salvando al pueblo de Dios, a pesar de las pobres imágenes de desobediencia y rebelión. También veremos imágenes piadosas de grandes líderes y guerreros que oyeron a Dios y se mantuvieron firmes en su llamado. Nosotros estamos leyendo nuestra historia familiar de lo bueno y lo malo, y en todo ello, encontramos nuestra imagen a través de Dios y nuestra identidad en Jesucristo. Sabemos que cuando leamos Apocalipsis, el libro final de la Biblia, veremos la victoria y el triunfo a través de Jesucristo y todas las promesas de Dios cumplidas, como fue prometido desde el principio en Génesis.

Gracias por leer y participar en nuestra mirada de 40 días en Génesis. Francesca y yo no solo aprendimos más una de la otra en nuestras discusiones, aprendimos más sobre nosotras mismas. Si amas el libro de Génesis tanto como nosotras, puede estudiar más a fondo a través de libros y comentarios de teólogos notables. Si te encantaría seguir leyendo y responder al próximo libro de Éxodo, ¡estamos contigo! ¡Disfrútalo! ¡Bendito seas!

www.ingramcontent.com/pod-product-compliance
Lightning Source LLC
Chambersburg PA
CBHW012207090526
44583CB0002BA/2931